新しい教職教育講座 教科教育編❾
原 清治／春日井敏之／篠原正典／森田真樹［監修］

初等体育科教育

石田智巳／山口孝治［編著］

ミネルヴァ書房

新しい教職教育講座

監修のことば

　現在，学校教育は大きな転換点，分岐点に立たされているようにみえます。
　見方・考え方の育成を重視する授業への転換，ICT 教育や特別支援教育の拡充，増加する児童生徒のいじめや不登校への適切な指導支援，チーム学校や社会に開かれた教育課程を実現する新しい学校像の模索など。切れ間なく提起される諸政策を一見すると，学校や教師にとって混迷の時代に突入しているようにも感じられます。
　しかし，それは見方を変えれば，教師や学校が築き上げてきた地道な教育実践を土台にしながら，これまでの取組みやボーダーを超え，新たな教育を生み出す可能性を大いに秘めたイノベーティブな時代の到来ともいえるのではないでしょうか。教師の進むべき方向性を見定める正確なマップやコンパスがあれば，学校や教師の新たな地平を拓くことは十分に可能です。
　『新しい教職教育講座』は，教師を目指す学生や若手教員を意識したテキストシリーズであり，主に小中学校を対象とした「教職教育編」全13巻と，小学校を対象とした「教科教育編」全10巻から構成されています。
　世の中に教育，学校，教師に関する膨大な情報が溢れる時代にあって，学生や若手教員が基礎的知識や最新情報を集め整理することは容易ではありません。そこで，本シリーズでは，2017（平成29）年に告示された新学習指導要領や，今後の教員養成で重要な役割を果たす教職課程コアカリキュラムにも対応した基礎的知識や最新事情を，平易な表現でコンパクトに整理することに心がけました。
　また，各巻は，13章程度の構成とし，大学の授業での活用のしやすさに配慮するとともに，学習者の主体的な学びを促す工夫も加えています。難解で複雑な内容をやさしく解説しながら，教職を学ぶ学習者には格好のシリーズとなっています。同時に，経験豊かな教員にとっても，理論と実践をつなげながら，自身の教育実践を問い直し意味づけていくための視点が多く含まれた読み応えのある内容となっています。
　本シリーズが，教育，学校，教職，そして子どもたちの未来と可能性を信じながら，学校の新たな地平を拓いていこうとする教師にとって，今後の方向性を見定めるマップやコンパスとしての役割を果たしていくことができれば幸いです。

監修　原　　清　治（佛教大学）
　　　春日井敏之（立命館大学）
　　　篠　原　正　典（佛教大学）
　　　森　田　真　樹（立命館大学）

は じ め に

　「体育授業」というとどんな思い出があるでしょうか。ボール運動（球技）ではゲームをやったこと，夏の暑いときの水泳，寒さに耐えながらの水泳，年明けのマラソンなどを覚えている人もいるでしょう。中学校のときは，先生の厳しさを覚えている人もいるかもしれません。体育の授業は，ある調査によれば，小学校のすべての学年で「好き」と答えた割合が一番高い教科です。しかし，学年が上がるにつれて，その割合は下がります。それは，上手い，苦手がはっきりと目に見える形でわかるからです。この好きではなくなった人たちは，他の教科が好きになるというよりも，体育が嫌いになったともいえます。「体育嫌い」でネット検索すると，百花繚乱の様相を呈しています。

　先の体育授業の思い出に戻ると，体育の授業で何かができるようになった，上手くなったという経験をした人はもしかしたら少ないかもしれません。それでも好きな教科にあげられるのは，勉強＝労働，体育＝息抜きという意味があるようです。保健体育の免許を取りに来ている学生に，四泳法で泳げるかとたずねると，それなりの割合の学生が少し誇らしげに手を挙げます。その手を挙げている学生に向かって，「学校で泳げるようになった人？」ときくと，ほとんどの学生が手を下ろします。彼らはスイミングクラブで泳げるようになったのです。

　1990年頃から，教えることはよくないことだとされました。指導ではなく，支援が強調されました。この頃より，「自ら学ぶ力」がいわれ，自己選択し，自己決定できること，そして自ら学ぶことが推奨されました。そして，結果も自己責任という風潮ができて，今世紀に入ると，新自由主義と連動して二極化がいわれるようになりました。ネットで体育嫌いの人々の主張を見ると，彼らは「できない自分に無理してできるようにさせようとするな」と訴えています。本来，「できない自分」ではなく，体育授業でできるようにしてもらえなかっ

i

た,「下手にさせられてきた自分」と捉えるべきなのですが,そうはなっていません。

　体育の授業づくりは,実は難しいのかもしれません。それは,学校外でのスポーツ活動と違って,好きな人も嫌いな人も一緒になって,何かを学ばなければならないからです。そのため,スポーツ活動と体育授業の違い,単元や1時間の指導の計画の立て方,効果的な教材づくりの考え方,学習集団の組織の仕方を学ぶ必要があります。

　2017（平成29）年に改訂された新しい学習指導要領では,これまで内容ベースでつくられていた目標が,「知識・技能」「思考力・判断力・表現力等」「学びに向かう力・人間性等」という3つの「資質・能力」ベースに変更されました。さらに,「主体的・対話的で深い学び」というアクティブ・ラーニングの視点から授業改善を図るともいわれています。これらの「資質・能力」も,「主体的・対話的で深い学び」も,基本的には内容（体育科の場合はサッカーやマット運動,水泳など）と切り結んだ形で議論される必要があります。

　以下には,この2017年改訂学習指導要領（平成29年告示）を新学習指導要領と表記しますが,本書はこの新学習指導要領を意識して編纂されています。小学校教員を目指す学生のためのテキストではありますが,体育授業づくりを行う若い教師向けにも書かれています。

　本書によって,多くの子どもたちが体育好きになることを,執筆者一同,強く期待しています。

編集代表　石田智巳

目 次

はじめに

第1章　体育科の目標と内容 …… 1
1　スポーツとは何か …… 1
2　体育とは何か——スポーツとの関係で …… 5
3　体育の目標構造 …… 9
4　体育の内容論 …… 12

第2章　学習指導要領からみた体育科の変遷 …… 16
1　前史としての戦前・戦中の体育科 …… 16
2　戦後改革と新しい体育 …… 17
3　楽しい体育論の登場 …… 21
4　2008年改訂学習指導要領 …… 24
5　2017年改訂学習指導要領 …… 26

第3章　体育科の教材づくり論 …… 32
1　教材とは何か（素材―教育内容―教材） …… 32
2　個人運動の教材づくり——水泳を中心に考える …… 35
3　ボール運動の教材づくり …… 41
4　教科内容―素材―教育内容―教材 …… 44

第4章　体育科の指導計画 …… 47
1　体育の年間指導計画をつくるということ …… 47
2　年間指導計画の考え方 …… 49
3　単元計画について …… 53

4　授業計画の立て方 …… 56

第 5 章　体育科の指導法 …… 63
1　学習指導のねらい …… 63
2　基本的な学習過程の捉え方 …… 66
3　学習指導の展開 …… 70

第 6 章　体育科の評価 …… 78
1　評価とは何か …… 78
2　体育科における評価の具体 …… 82
3　体育科における評価の実践例 …… 86

第 7 章　体つくり運動系の領域の授業づくり …… 91
1　体つくり運動系の特性および構成 …… 91
2　体つくり運動系領域の内容 …… 92
3　学習成果を高める体つくり運動系の授業づくり …… 96
4　体つくり運動領域の授業実践例 …… 100

第 8 章　器械運動系の領域の授業づくり …… 105
1　器械運動系の特性および構成 …… 105
2　器械運動系領域の内容 …… 107
3　学習成果を高める器械運動系の授業づくり …… 110
4　器械運動領域の授業実践例 …… 113

第 9 章　陸上運動系の領域の授業づくり …… 120
1　陸上運動系の特性および構成 …… 120
2　陸上運動系領域の内容 …… 122
3　学習成果を高める陸上運動系の授業づくり …… 126

目 次

第10章　水泳運動系の領域の授業づくり ……………… 136
1. 水泳運動系の特性および構成 ……………………… 136
2. 水泳運動系領域の内容 ……………………………… 138
3. 学習成果を高める水泳運動系の授業づくり ……… 141
4. 水泳運動領域の授業実践例 ………………………… 145

第11章　ボール運動系の領域の授業づくり …………… 150
1. ボール運動系の特性および構成 …………………… 150
2. ボール運動系領域の内容 …………………………… 152
3. 学習成果を高めるボール運動系の授業づくり …… 154
4. ボール運動系領域の授業実践――ベースボール型を例に …… 160

第12章　表現運動系の領域の授業づくり ……………… 165
1. 表現運動系の特性および構成 ……………………… 165
2. 表現運動系領域の内容 ……………………………… 167
3. 学習成果を高める表現運動系の授業づくり ……… 170
4. 表現運動領域の授業実践例 ………………………… 173

第13章　保健領域の授業づくり ………………………… 178
1. 保健領域の内容および構成 ………………………… 178
2. 学習成果を高める保健領域系の授業づくり ……… 185
3. 保健領域の授業実践例 ……………………………… 188

資料　小学校学習指導要領　第2章　第9節　体育　193
索　引　201

第1章 体育科の目標と内容

この章で学ぶこと

本章では，体育科の目標と内容について，スポーツという体育科の中心的な内容との関係から考えてみることにする。体育というのは，教科の名称であり，身体教育という機能も有するのだが，しばしば体育とスポーツは混同されることがある。ひとまずその整理を行うこととする。また，体育科ではなぜスポーツを学ぶのだろうか。そのこともあわせて考えながら体育科の役割について考えてみたい。

1　スポーツとは何か

（1）体育＝スポーツか？

ベネッセ教育総合研究所（2006 a；b）の調査によれば，「好きな教科は？」という問いに対して，「とても好き」「まあ好き」と答えた割合が最も多かったのが，小中学生ともに体育（保健体育）であった。しかしながら，小学生の84.9％に対して，中学生は67.1％と差があることに注意が必要である。おそらく，子どもたちは低学年の頃には，みんなで運動することに楽しさを見出しているのだろう。あるいは，教室での授業に比べて，開放感のある運動場や体育館で体を動かすことが楽しく感じるのだろう。しかし，高学年ともなると，ボール運動のように複雑なルールや技能を含む内容を学習することになる。またこれまでの運動経験から上手い子や苦手な子が誰なのか，自分はどのぐらいのところに位置するのかがわかってくるようになる。そうなると，休み時間にみんなで楽しくドッヂボールをしていた子どもの中でも，学年が上がると苦手な子どもは同じようにドッヂボールを楽しむことはできなくなる。つまり，苦

手な子どもほど体育授業が好きではなくなっていくことは容易に想像できる。
　スポーツのよくできる子どもが，勉強のできる子どもや，ときとしてそれ以上にクラスの中の人気者になりやすいのも事実であろう。
　ところで，よく考えてみないといけないことがある。体育の授業では，上手い下手が目に見えてわかるスポーツを中心とする運動文化をその内容とする。しかし，何もスポーツを行うのは体育の授業だけではない。学校とはまったく関係のないオリンピックや世界選手権などで行われているスポーツに影響を受けている子どもも多い。日本FP協会（2017）の調査では，小学生の将来なりたい職業ベスト10の中には，5つもスポーツ関連が入っている。スポーツとはそれほど身近な存在であり，多くの子どもが何らかの形でスポーツをやっていることを示している。つまり，多くの子どもは学校の外でスポーツをやりながら，学校の体育授業でスポーツをしていることになる。
　体育の授業で行われるスポーツと，学校という枠を取り払ったスポーツは，同じ内容を扱うにしてもいろいろ違いがあることはわかるだろう。たとえばサッカーを例にとると，授業では11対11でゲームを行うことはあまりなく，4人や5人ぐらいのチームで行うことが多い。また，コートの大きさも正式のものの半分ぐらいか，場合によってはもっと小さくして行うこともある。それ以外にもルールを易しくしたり，ボールをソフトにしたりして行うこともある。ここで考えなければいけないのは，スポーツとは何か？　体育とは何か？　である。というのも，当然両者の目的は違うにもかかわらず，同じような活動をすることになるからである。そこで以下では，体育という教科の内容の中心となるスポーツとは何かを考えてみたい。

（2）スポーツとは何か？
　実は，スポーツを定義するのはなかなか難しい。『最新スポーツ大事典』（佐伯，1987，521頁）によれば，スポーツの語源は，デポルターレ「deportare」というラテン語だといわれている。この言葉は，「port」が港を表し，「de」が「離れる」を意味している。では，何から離れるのかというと，労働から離れ

るということである。そのため，デポルターレという語には，「気晴らし」や気分転換などの意味合いがあった。当時の労働は，なかなか想像しにくいかもしれないが，いまのようにデスクワークをするというよりは，多くの人が農業のような生産労働に従事していたことは容易に想像できる。そうなると，労働から離れるというデポルターレの実質は，いまのスポーツのように積極的に体を動かすというよりは，肉体労働から体を休めるという意味合いが強かったと思われる。その後，フランス語にデスポール「desport」が出てきて，さらに英語でスポート（スポーツ）「sport（s）」ができて，いまのような激しい身体活動を伴うスポーツを表す語となった。したがってその言葉ができてから行われるようになる身体活動と，それ以前から行われていた身体活動を区別する必要がある。それゆえに，いま行われているスポーツを19世紀後半期に生まれたものとして「近代スポーツ」と呼んだりする。

　スポーツを定義するときに，参考になるのはアレン・グッドマン（1981）の遊びの分類である。グッドマンは，「労働から離れる」というスポーツの語源であるデポルターレをまずスポーツの本質の最初に位置づける。その特徴は「遊戯性（遊び，プレイ）」である。これが最も広い意味でのスポーツとなる。英語で「野球をする」は，I play baseball. となり，「サッカーをする」も，I play soccer. というように，プレイ（play）を使う。スポーツは基本的に遊びなのである。遊びだからといって，「いい加減にやる」とか「テキトーにやる」とかいっているわけではない。人によっては真剣にやっているわけであるが，そのこととスポーツの本質がプレイ（play）にあることは次元の違う問題である。

　次に，遊びはルールのある遊びとない遊びに分けることができる。ルールがある遊びはゲームと呼ばれ，ない遊びに比べると少し狭い意味でのスポーツとなり，より積極的な遊びとなる。ルールは「組織性」とも呼ばれ，スポーツの本質の一つでもある。さらに，ルールがある遊び＝ゲームでも，そこに競争が伴った遊びか，そうでない遊びかに分けることができる。ルールがあっても競争しない遊びというのはわかりにくいかもしれないが，クロスワードパズルやナンバープレイス（ナンプレ）などがそれにあたる。競争性のあるゲームは，

競技（コンテスト）と呼ばれる。「競争性」もまた特徴の一つである。

　さらに現代のスポーツの特徴の一つは，そこに身体的な激しさや力強さやしなやかさなどが加わるということである。スポーツを本格的にやる場合，肉体に目を向けて，トレーニングによって素早く，強く，長い時間動ける身体をつくることが目指される。ボディビルとは違うが，身体の性能が競争（勝敗）に大きく関わってくることは事実であり，その意味で「身体性」も特徴の一つである。グッドマンのスポーツの定義は，「遊戯性」「組織性」「競争性」「身体性」の4つであり，4つを兼ね備えた活動が，私たちのイメージする近代スポーツ（最も狭い意味でのスポーツ）となるのである。

　余談ではあるが，19世紀にスポーツ組織や体制ができると，すぐにプロフェッショナルといわれる集団が現れることになる。プロにもいろいろな形態があったのだが，いまのプロスポーツ選手などは，スポーツが生活の手段であり，その意味ではグッドマンの定義する「遊戯性（遊び，プレイ）」は，プロスポーツには当てはまらないということになる。そのため，スポーツを定義するのは難しいのである。

　いずれにしても，スポーツを定義するときに，ルール（組織性）や競争，身体性はスポーツの本質となる構成要素であることに注意が必要である。

（3）スポーツの目的

　私たちがよく目にするスポーツは，やはりプロ野球や高校野球，Jリーグや高校サッカー，NBA，ゴルフ，テニスなどである。これらはオリンピック，パラリンピックやワールドカップ，世界選手権などのメガイベントによって，さらに人気を博している。ところが，これらはスポーツの一部にすぎないことに留意が必要である。スポーツはやる人によってもっと多様に存在する。たとえば，いまのマラソンブームを考えてみればわかりやすい。東京マラソンは世界で活躍する一流選手が招待されて，一般の選手と一緒に走る大会である。一般の選手もすべてが2時間台前半で走るわけではないし，むしろ3時間台，4時間台，5時間台のランナーもたくさんいる。マラソン大会で他人と競争をし

て勝利を目指しているのは，一握りにすぎないのである。多くの人は過去の自分の記録を破るためだったり，だぶついた体を絞るために始めたランニングが楽しくなってその延長上にある大会に出場したり，ランニングクラブに所属して仲間づくりを行ったりなど，それぞれスポーツとの関わり方を見出している。彼らは一生懸命準備をするけれど，勝たなければならないとは思っていない。多くのスポーツ選手もまた，勝ちを目指して努力をするけれども，勝つことのみが目的ではない。つまり，それぞれの人がそれぞれの楽しみを見出してスポーツを行うのである。サポーターといわれるファンは見ることに楽しみを見出すであろうし，イベントの裏方となって支えることに楽しみを見出す人もいるだろう。また，スポーツそのものが学問の対象となっていることから，調べたり知ったりすることに楽しみを見出す人もいる。もちろん，そもそもスポーツに興味のない人，好きではない人もいるだろう。

　つまり，人々はスポーツの目的をただ勝つことのみではなく，スポーツ活動そのものが楽しいだとか，スポーツの後の飲み会が楽しみだとか，みんなで集って行うことが楽しいだとか様々なことに見出しているのである。

2　体育とは何か――スポーツとの関係で

（1）スポーツの受容

　日本に近代スポーツが入ってくるのは，19世紀の終わり頃のことである。日本に学制ができて体育という教科の原型が導入されるのは，1872（明治5）年のことであるが，このときは「体術」という教科名であった。これは，海外の教科名を翻訳したものだったが実質はなかったといわれている。それが，翌年，体操科となり，体操や遊戯などが学校で行われた。この頃，輸入されたスポーツは義務教育学校では行われておらず，後にいまの大学や高校にあたる学校で行われたものの，それはエリートの行うものであった。しかしながら，19世紀の終わり頃は戦争時代であり，スポーツを行うというのは，まさに「遊んでいる」と思われていた。そこで，そのような見方を覆すための理屈が必要となっ

た。たとえば，グローブをはずして野球をして，身体と精神の修養を行っているという理屈であった。昭和になって戦争が激化していく頃，飛田穂洲による有名な「一球入魂」という言葉が生まれている。このように，日本ではスポーツは「遊び」としてではなく，武道のように精神修養の手段として捉えられる傾向にあった。

　戦後になると，アメリカの影響から義務教育学校も含めて，体育の内容がスポーツ中心となった。ところが，戦争が終わった直後は，日本全体が貧しくて，学校の校庭は畑と化し，多くの人たちにとってはスポーツをするどころではなかった。現代では体育といえばスポーツを行うと捉えられがちであるが，当時は栄養の確保や，衛生面での向上が目指されていた。そんな中，スポーツを振興させるための措置の一つが国民体育大会であった。それは同時に，「体育大会」といわれているように，「体を育てる」ことにねらいがあったのである。国民体育大会（National Sports Festival, National Athletic Meet），体育館（Gymnastics），体育の日（Health-Sports Day）などは，日本語では体育が使われているが，英訳しても，体育（Physical Education）は使われていない。先に，スポーツは精神修養の手段としてみられたと述べたが，スポーツは健康や体を育てることや体力をつけるための手段となって，体育と混同されていたのである。

（2）体育とスポーツの違い

　すでに述べてきたように，スポーツはルールのもとでの競争を行い，またそのためのトレーニングによって身体的，心理的な準備をする。そしてそこでは，勝ちを目指すために，よく訓練を積んだ人や，上手な人が選手として選ばれて出場することに，多くの場合異論はないと思われる。それはスポーツの世界が基本的に「遊戯性」をもつ活動＝やりたい人が集まって行う活動であり，裏を返せば，やりたくない人はやらなくてもよい活動だからである。しかしながら，体育授業は好きだとか嫌いだとか，上手いとか下手だとか，運動能力や体力の高い低いに関係なく，教科である以上すべての子どもたちが半ば強制的にやらなければならない活動なのである。そのため，その中でも上手な子どもにより

多くの出場機会が保障され，逆に苦手な子どもの出場機会が減ることは，スポーツの世界では当たり前だとしても，体育の授業では同じように考えるわけにはいかないのである。

また，スポーツは勝つことを目指して，あるいはパフォーマンスの向上を目指して行われるものであり，そのために練習やトレーニングを行うという関係におかれる。体育の授業もスポーツを行う以上勝ちを目指して行うのだが，本当の目的は勝つことではなく，何かを学ぶことである。むしろ何かを学ぶために，勝敗や競争が手段となるのであって，この関係を転倒させてはいけないのである。

1970年代にホイジンガらのプレイ論の影響から「楽しい体育論」が展開された。これはその前の60年代における「スポ根」といわれる根性主義的，精神主義的なスポーツ論やそれが学校へ与えた影響に対して，スポーツにおける精神の解放や楽しさを強調したものであった。もともとスポーツはプレイ＝遊びであるため，スポーツは楽しく行うものだという主張である。その果たした意義は大きい。しかしながら，この主張では，休み時間のドッヂボールと授業で行うドッヂボールの違いを説明することが難しい。同じように楽しくドッヂボールをしても，後者は目標があり，その目標に対する評価活動が伴うからである。またそもそも「授業は強制的に受けなければならない」という現実的な側面を無視した主張ともいえるのである。楽しい授業を構想することと，スポーツは元々楽しいものだという考え方は次元が違うのであり，これを混同してはならないであろう（表1-1参照）。

同じバスケットボールでも，アメリカのプロリーグであるNBAで行われているルールと，オリンピックで行われているルールは違うし，日本のミニバスケットボール（ミニバス）で行われているルールも違う。NBAルールは，国際ルールと比べると，ディフェンス3秒ルールがあったり，3ポイントシュートのラインが広かったりする。また時間も1クォーター12分と長い。ミニバスは，コートやゴールのサイズが小さいだけではなく，どれだけ上手な選手でも1クォーターはベンチにいないといけないというように，多くの選手に出場の機会を与えている。それは目的に応じてルールがつくられているということであ

表1-1　体育授業で行うスポーツと競技スポーツの違い

	目　的	手　段
体育授業	何かを学ぶ	競争や勝敗
スポーツ	競争で勝つ	何かを学ぶ

出典：筆者作成。

る。それゆえ，体育の授業も目的に応じて，独自のルールが採用されるべきなのである。

　また，体育の授業をつくる難しさは次のような課題に現れている。つまり，「上手い子も苦手な子も一緒に楽しくバスケットボールを行うために，どんな工夫をするのか」である。新学習指導要領には，バスケットボールの技術，戦術に関わる記述があるが，上手い子も苦手な子もいる（つまり，身体能力に差がある）中でみんなが楽しんで上手くなるためには，ルールや競争そのものを学習する材料とする場合もでてくるだろうし，その目的に合うようなルールをつくることも必要になるかもしれない。

　そのため，スポーツを内容にもつ体育授業では，体育授業の目的に応じてスポーツを教材化する必要があることになる。

（3）体育ではなぜスポーツを学ぶのか？

　これまで，体育授業で行われるスポーツとそれ以外で行われるスポーツの違いを明確にしてきた。それでも，まだ「なぜスポーツを学ぶのか」という根源的な問いが残っている。これは体育の場合ではあるが，他の教科でもなぜ「科学や芸術といった文化遺産」（中内，1990，124頁）を学ぶのであろうか。

　中内敏夫は，文化遺産をになっている「科学的法則や各種の芸術的主題は，この現実世界を概念や形象を媒介にした分析や直観によって探求し，これをそれぞれの分野と段階でうつしとっている存在である」（中内，1990，124頁）と述べる。科学的法則や芸術的主題は，それぞれの教科の主要な内容のことだが，それらは，その分野の先達たちが長い時間をかけて，少しずつ発展させてきたものである。「個体発生は系統発生を繰り返す」というテーゼに従えば，文化

遺産の蓄積がないところで，あるいはそれを利用しないで教育を行おうとすれば，いまの人類の到達した文化遺産の水準に近づくためには，少なくとも人類がそれを発展させてきた時間と同じ程度の時間がかかることになる。しかしながら，文化遺産の蓄積があれば，研究者や芸術家たちはその到達点を短時間で学び取り，その発展の担い手となることができる。それゆえ，「文化遺産は教育的価値をおび，子どもの発達における，いわば外化された遺伝情報でありうる」（中内，1990，124頁）のである。スポーツもまた同じである。スポーツの場合，その到達水準が人間の運動能力の発達の可能性を示しており，さらに文化遺産の蓄積があるため，短期間で高い水準のパフォーマンスを獲得させることが可能になる。1960年のスポーツの水準と2020年のそれとは，技術・戦術的到達度，練習内容や方法，用具などを含めて違っており，それゆえに2020年の子どもの方が1960年の子どもよりも高い水準に容易に到達できるのである。

　学校教育は，そのために人類の世界探求の結果としての文化遺産を利用し，子どもたちの能力を高めることができるのである。しかしながら，単に文化遺産をもってくればよいのではなく，教育目標との関係で，何をどのように学ばせるのかということも含めて，教師が決めることになるのである。

3　体育の目標構造

（1）体育科の目標とは

　では，2017（平成29）年に改訂（2020（平成32）年施行）の新小学校指導要領の体育の目標を確認しておこう（下線：筆者）。

　「<u>体育や保健の見方・考え方を働かせ</u>，課題を見付け，その解決に向けた学習過程を通して，心と体を一体として捉え，<u>生涯にわたって心身の健康を保持増進し豊かなスポーツライフを実現するための資質・能力</u>を次のとおり育成することを目指す。

　　(1)　その特性に応じた各種の運動の行い方及び身近な生活における健康・安全について理解するとともに，基本的な動きや技能を身に付け

るようにする。
(2) 運動や健康についての<u>自己の課題を見付け</u>，<u>その解決に向けて思考し判断する</u>とともに，<u>他者に伝える力を養う。</u>
(3) 運動に親しむとともに健康の保持増進と体力の向上を目指し，楽しく明るい生活を営む態度を養う。」

　この新学習指導要領では，従来と目標の示し方が若干変わった。つまり，これまでは体育科の内容を中心として目標の記載があったのだが，今回は資質・能力ベースで目標が記載された。

　新学習指導要領に示されている資質・能力は次の3つである。
①生きて働く知識・技能の習得
②未知の状況にも対応できる「思考力・判断力・表現力等」の育成
③学びを人生や社会に生かそうとする「学びに向かう力・人間性等」の涵養
　この資質・能力の観点で教科，教科横断，教科外も含めて考えようとしているところに，新学習指導要領の方向性の特徴の一つがある。

　2008年改訂学習指導要領の目標が，①技能（体力），②態度，③思考・判断だったことを考えると，力点の置き方は確かに変わっているともいえる。しかしながら，表現の違いはあるにせよ，そして，内容ベースから資質・能力ベースに変わったにせよ，教科論レベルでの目標の記述に大差はないともいえる。

（2）体育の目標構造

　つまり，体育の目標は，技能に関わる目標，知識に関わる目標，思考・判断に関わる目標，社会性や態度に関わる目標が書かれるのが一般的である。しかしながら，目標がいくつか並列に掲げられたとしても，それをどのような学習のプロセスを通して身に付けるのかがある程度明らかにされなければ，実際の授業づくりを行うことは難しい。たとえば，授業を，体力の時間，技能の時間，思考・判断の時間，知識の時間，態度の時間と分けて指導することは現実的ではないからである。

　そういった問題意識から，高橋健夫（1989）は体育の目標を図1-1のよう

第1章　体育科の目標と内容

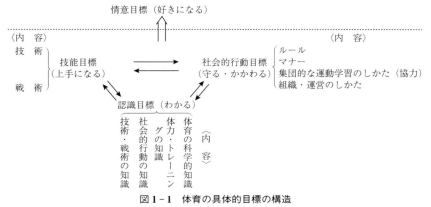

図1-1　体育の具体的目標の構造

出典：高橋（1989）13頁より。

に構造化している。

　図1-1は，1970年代に出てくる「楽しい体育論」が，「楽しさ」こそ学習する内容であり目標であると主張したことへの批判も含まれている。そして，図1-1では，技能を知識をもとに反省的に学ぶことと，学習集団で学ぶことや社会性に関わる内容を同じく知識をもとに反省的に学ぶことを通して，スポーツや運動文化の楽しさを身に付けるということが読み取れる。

（3）子どもたちの人間関係の組織も大切になる

　体育の目標を構造化して考えることが重要なのはいうまでもないが，それだけでは実際の授業づくりを行うことは難しい。というのも，授業は固有名をもった教師，固有名をもつ子どもやその現実の関係性や雰囲気の中で，教材を媒介として行われるからである。そして，教師は子どもたちにこの教材（あるいは教科）を通してこうなって欲しいという願いをもっている。その一方で，子どもたちもそれまでの体育授業の経験から，その教材に対する思いや，体育授業に対する好悪などの思いをもっている。そのため，体育授業ではみんなが意欲的に取り組めるわけではないことに注意が必要である。

　ある子どもは地域のサッカークラブで身に付けた「勝たなければならない」

という価値観をもって体育授業に参加しているかもしれない。また，別の子どもは「体育の授業だから勝ち負けにこだわらずに楽しくやりたい」と思っているかもしれない。第1節でも述べたように，スポーツに見出す価値は様々であってよいのであるが，そうだからこそ様々なスポーツ観や体育観，能力観などの価値観がぶつかって出てくるのが体育授業なのである。

　それを新学習指導要領やそのもととなった中央教育審議会（中教審）の答申（2017, 67頁）では，「学びに向かう力・人間性等」の項目に，「運動における競争や協同の場面を通して，多様性を認識し，公正に取り組む，互いに協力する，自己の責任を果たす，参画する」「相手を尊重し伝統的な行動の仕方を大切にしようとする」など，「人間関係形成力」や「自律的な活動力」に関わる徳目が並んでいる。ここに現在の道徳重視の影響をみて取ることができるが，子どもたちの身に付けている価値観はかなり強固であり，徳目を並べたところで容易に変わるものではない。しかし，授業でこのような価値観の変革に挑んだ実践もみられる。

　体育授業では，確かに運動学習を通して技能を形成したり，体力をつけることも大切になるが，それらを身に付けると同時に，「勝つことがすべて」「上手い＝よい，下手＝ダメ」などのもともともっている子どもたちの価値観を変革できることが望ましいといえる。こうしてみると，「私とスポーツ」「私と体育」「私と学習」「私と友達の関係づくり」といったテーマについてより深く考えさせることや「価値観の変革」なども体育授業の目標になると思われる。

4　体育の内容論

(1) 指導要領にみられる体育科の内容

　体育科で扱うスポーツを中心とする運動文化は，そのままでは子どもたちが学習するには複雑すぎる場合がある。そのため，多くの授業では，何らかのルール修正を施したりして，教材づくりを行っている（これについては本書第3章を参照）。

とりわけ，2008年改訂学習指導要領以降，教えるべき中味を明確にしようという努力がみられた。そのため，たとえば文部科学省（2010）では，課題を明確にした教材が並んでおり，これをもとに行えば授業が成立しやすくなるようにできている。以前にはスポーツは発達刺激として体力向上の手段だとか，あるいはスポーツはプレイ（遊び）だから楽しむものだとかいわれて，教材づくりがあまり顧みられなかったことからすると，大きく前進したといってよい。

（2）スポーツ・運動文化に独自の内容を教える

ところで，体育でスポーツを教材化するといったときに，考えてみたい問題がある。それは，スポーツはそれぞれ独自のおもしろさをもっているということである。そのおもしろさを世界中で共有できるスポーツがある一方で，共有できないためある国のみで行われているだとか，廃れていってしまったものもあるだろう。

たとえば，筆者は「初等体育」という教科の内容の授業で，大学生相手に「ボールの授業」を実施している（和田，2000）。「ボールの授業」では，様々なボールを用意して，それを分類させる。たとえば，野球，サッカー，バスケットボール，バレーボール，テニス，バドミントン，アメリカンフットボール（アメフト），ラグビー，卓球，ソフトボールなどに使われるボールを用意する。そして，たとえば，①野球，ソフトボール，②サッカー，バスケットボール，アメフト，ラグビー，③テニス，バドミントン，バレーボール，卓球，の3つに分類するとする。すると，これは①ベースボール型，②ゴール型，③ネット型に分類したことがわかる。しかし，さらにみれば，①はイニングで攻撃と防御が切り替わる，②は入り乱れていて攻守が切り替わる，③はサービスがある，ともいえる。さらに，同点の場合の決着の付け方にそれぞれ特徴があるということでもある。また，同じ②のゴール型でも，「サッカーとラグビー」と「バスケットボールとアメフト」で分けることができる。これは，前者がイギリスのスポーツであり，後者がアメリカのスポーツである。そして，ここに単なる出自の違いだけではなく，スポーツに込めた人々の思いもみることができるの

である。たとえば，サッカーやラグビーでは時計は0から終了時間へと向かい，時計は基本的に止まることがない。ところが，バスケットボールやアメフトでは，時計は0に向かって進む。そして，プレイが止まると時計も基本は止まる。アメフトは陣取りゲームであり，空間については非常に厳密であるが，サッカーなどは割と大雑把に扱われている。このようなスポーツがもっている文化性も教える内容になりうるのであり，それはむしろ学校でこそ教える対象となるのである。小学校のサッカーでオフサイドを教えることは可能なのか？　という問いに挑戦している先生もいる。オフサイドを教えないとなると，それはフットサルではないのかという疑問も起こりうるのである。

　だから，教材づくりによって，元々の素材となるスポーツを修正・変形するときに，文化性をどう考えるかという問題が生じることになる。たとえば，ソフトバレーを教えるときに，ワンバウンドあり，オーバーハンドパスはホールディング（キャッチ）ありのルールで行うことがある。ソフトバレー（バレーボール）の特質や文化性を，バレー（ボレー，volley）に求めるのであれば，ワンバウンドもキャッチも許されないことになる。しかし，レシーブ，トス，スパイクという三段攻撃で，とりわけ攻防を楽しもうとするならば，この考え方は認められることになる。もちろん，うまくなっていくにつれて，ルールを難しくしていくことも考えられるわけである。

　あるいは，野球ではピッチャーがボールを投げることでゲームがスタートする。このときなぜピッチャーはピッチャーというのか。キャッチャーは捕る人でわかるのだが，ピッチャーはスローワーではないのか。あるいはピッチングはスローイングではないのか。この問いを発して自ら調べた中学校の先生は，ピッチには「バッターに打たせる」という意味があることを発見する。だとすれば，中学校のソフトボールなどでは，ピッチャーは打たせる人という元々の意味を採用することもできるのである。これはネット型スポーツのサービスにもあたるのであるが，スポーツが生まれた当初は，競技性よりもつなぐことが楽しいと思われていたようであり，いかにつなぐのかを主題としたゲームや競争を考えることもできるのである。

引用文献

グッドマン，アレン著／清水哲夫訳（1981）『スポーツと現代アメリカ』TBS ブリタニカ。
佐伯聰夫（1987）「スポーツ」岸野雄三ほか編『最新スポーツ大事典』大修館書店，521～524頁。
高橋健夫（1989）『新しい体育の授業研究』大修館書店。
中央教育審議会（2017）「幼稚園，小学校，中学校，高等学校及び特別支援学校の学習指導要領等の改善及び必要な方策等について」別添資料。
中内敏夫（1990）『新版 教材と教具の理論』あゆみ出版。
日本 FP 協会「小学生の『将来なりたい職業』集計結果」（https://www.jafp.or.jp/personal_finance/yume/syokugyo/ 以下，2017年9月22日アクセス）。
ベネッセ教育総合研究所（2006a）「第4回学習基本調査報告書・国内調査 小学生版」（http://berd.benesse.jp/berd/center/open/report/gakukihon4/syo/hon2_1_01.html）。
ベネッセ教育総合研究所（2006b）「第4回学習基本調査報告書・国内調査 中学生版」（http://berd.benesse.jp/berd/center/open/report/gakukihon4/chu/hon2_1_1.html）。
文部科学省（2010）『学校体育実技指導資料第8集 ゲーム及びボール運動』東洋館出版社。
和田範雄（2000）「ボールの授業」出原泰明編『教室でする体育――「体育理論」の授業づくり』小学校編，創文企画，26～33頁。

学習の課題

(1) 体育とスポーツの違いを言葉に表してみよう。その際に，参加の形態，目的の違いから考えてみよう。
(2) なぜ体育科では，スポーツ・運動文化を学ぶのだろうか。文化がもっている教育的な機能を考えてみよう。
(3) 学習指導要領には書かれていないけれども，大切な目標や内容がある。それらは何だろうか。どのように学んだらよいのだろうか。

【さらに学びたい人のための図書】

出原泰明編（2007）『中村敏雄著作集1 体育の教科成立論』創文企画。
　⇨体育とは何か，体育は何を教える教科であるかを問い続けた実践家であり，研究者であった中村の切れ味鋭い思索の跡がみられる書である。

（石田智巳）

第2章 学習指導要領からみた体育科の変遷

この章で学ぶこと

本章では，戦後になって登場する学習指導要領に掲載された体育科の変遷を，その時々の社会状況をみながら意味づけてみる。なお，前史として戦前・戦中の体育にも言及する。

1　前史としての戦前・戦中の体育科

　日本に公教育が成立したのは，1872（明治5）年に学制ができてからのことである。このとき，すでにいまの体育科にあたる「体術科」が示されていたが，これは外国の教科を翻訳しただけであって，実質はなかったといわれている。それが，翌1873（明治6）年になると，「体操科」となり，ここから日本の学校体育は始まったといってよい。明治政府が成立して近代国家となるにあたって教育は重視されたが，体育もまた重要な役割を担わされていた。

　一般に戦前・戦中の体育，とりわけ明治の体育は，「身体の教育」と呼ばれている。その目標はいまでいう「体力つくり」とは違い，「均整の取れた身体」をつくることにあった。これはわかりにくいかもしれないが，当時の日本人の動き方はいまの動き方と違ったのであり，かつての動き方を捨てさせて，新たな動き方を獲得させようとしたのである。では，かつての動き方とは一体どんな動き方だったのだろうか。たとえば，日本舞踊や柔道・剣道の動きを見ると，足さばきはすり足である。剣道では右手・右足前に構えるのが基本であり，柔道では，左足が前にくる場合もあるがそのとき左手も前にくる。ボクシングのように左足前で腰をひねって右手で打つという動きとは違う。このような動きは，「ナンバ」というが，日本人にとっての原初生産方式である水田農耕から

きている。ほかにもバリ島のダンスもすり足であるが，これもまた同じく水田農耕が動きを規定している例である。このナンバは，腰を落として安定させ，臍下丹田(せいかたんでん)に力を入れ，すり足で，腕を振らずに，動くことが基本であり，いまのように，腕を振って両足を前に出す動きとは違う。明治になると，このナンバを破壊すべく体操科では，両手を振って行進を行い，スウェーデン体操やデンマーク体操といった体操が取り入れられることになった。「均整の取れた身体」をつくる目的は，軍隊で号令に従って動ける身体をつくることにあった。

　スポーツは明治時代の半ば以降に日本にも輸入されたが，それらはいまの高等学校にあたる旧制中学や大学などのエリートが行うものであって，義務教育学校で行われるのは戦後になってからである。体操に加えて，学校では遊戯が行われていた。それはたとえば，「源平旗送り」というような，2つの班をつくってそれぞれ一列に並び，先頭の2人が旗をもって合図とともに走り出し，一定距離のところにある目標物をまわって戻ってきて，次の子どもに旗を渡して同じことを繰り返し，最後にどちらが先にゴールするかを競うようなものであった。これはいまの幼稚園や小学校の運動会でも形を変えて行われているものである。

　昭和になって戦争が激化していくと，教材に武道が取り入れられるようになる。1931（昭和6）年には，「我が国固有の武道にして質実剛健なる国民精神を涵養し，心身を鍛練するに適切」という理由から武道という名称の教材となり，さらに太平洋戦争の始まった1941（昭和16）年に体操科は「体練科」へと名称を変更した。そして，体練科は，武道と体操の2科目構成となった。このように，体育科の前身である「体操科」「体練科」は，軍隊と結びついて国民の身体形成に一役買ったのであった。

2　戦後改革と新しい体育

（1）戦後改革と生活体育

　戦争が終わると，日本は民主主義国家として生まれ変わることになった。

それまでは国家主義的な教育が行われていたものが，日本国憲法，教育基本法の制定，そして教育勅語の廃止により，民主的な国家を担う子どもたちを教育するという目的が設定された。1947（昭和22）年に制定された教育基本法第１条には，「教育は，人格の完成をめざし，平和的な国家及び社会の形成者として，（中略）自主的精神に充ちた心身ともに健康な国民の育成を期して行われなければならない」と書かれている。この時代，民主国家を形成するために，民主的な人間の形成が教育の目標となっていた。そして，スポーツは，民主主義を教えるための教材という位置づけを強くもっていた。

　1947（昭和22）年には，学習指導要領が出されたが，体育に関する記載はなかった。代わりに学校体育指導要綱が出された。このような特殊な措置がなされたのは，体育・保健体育というのが日本の教育において非常に特徴的な教科だからである。1949（昭和24）年より大学は新制大学となったが，これ以来大学のカリキュラムには「体育」が置かれ，すべての学生の必修の教科であった。また，高等学校の保健体育科は，唯一すべての生徒が受講しなければならない教科である。このように，戦後に置かれた「体育科」は，小学校から大学までのすべての階梯での受講が必要とされ，それゆえ体育・保健体育科だけは，別括りで学校体育指導要綱が出されたのである。とはいえ，小学校では1949（昭和24）年に学習指導要領に記載されるようになった。

　教育はアメリカの事例の紹介などはあったものの手探りで行われていた。学習指導要領もまだ試案であり，地域の教育計画を各学校が立てる，つまり教育課程を各学校がつくって実践することが行われていた。これらは様々な形をとったが，1950年代になると４月から３月までの行事と正課の授業に関係をもたせて計画が立てられたため，生活教育といわれたり，生活単元学習といわれたりした。遠足という行事があれば，その前に遠足についての学習を，運動会であれば，子どもたちが主体となった運動会をつくったり，運動会で行う演技や競技の練習を行ったりするという具合であった。

　この時代の特徴は，民主的な人間や人間関係をつくるために，子どもたちの自治的・自主的な活動を組織することがねらいとされ，そのため教師が教える

ことは子どもの自治や自主を阻害するものとして戒められた。その結果として，学力の低下，教師の指導性の後退，這い回る経験主義，などの批判を招くこととなった。ちょうどこの1950年代の半ばには，このような子ども中心主義の教育に対して，科学や文化を系統的に教えるという立場である系統学習論が台頭してくることになった。結局，1957（昭和32）年にソヴィエトの人工衛星スプートニクの打ち上げ成功などから，アメリカにおいても科学の基礎を系統的に指導するという流れができて，日本の教育も同様な流れに巻き込まれていくこととなった。

（2）1958年と1968年の学習指導要領

　このようにして，1958（昭和33）年の学習指導要領の改訂は系統的な立場を打ち出したのだが，この1958年改訂学習指導要領はより大きな意味をもっていた。それは，1952（昭和27）年のサンフランシスコ講和条約の発効によって，沖縄などを除いて主権が回復し，そのもとでの初の学習指導要領となったからである。この学習指導要領では，これまでついていた「試案」という文言がなくなり，法的拘束性をもつとされた。また内容面では，道徳の時間が設けられ，学力テストなども実施され，教育の中央集権化が進められるようになった。その中で，1950年代の半ば頃から問題解決学習か系統学習かという教育論争が行われたのである。ただし，学習指導要領が基礎学力の重視や系統的な学習を重視したこともあり，体育においても運動技術の指導を中心に位置づけることとなった。技術指導といっても，この頃は，簡単から複雑へという単純な考え方を当てはめただけであった。バスケットボールでいえば，ドリブル，パス，シュート，ディフェンスなどを個別に練習して，ゲームにつなげようとするものであった。そのため，練習がゲームに生きないということもいわれた。しかし，それらの段階を経て，技術指導研究が進められることになった。

　日本の戦後10年は国民生活はまだまだ貧しく，スポーツを楽しんだりするよりも，栄養の確保や衛生面での改善が急務であった。それが1950年代半ばから「もはや戦後ではない」といわれ，高度経済成長の流れに入っていく。この高

度経済成長を支える労働者育成としての体力つくりが求められることになった。1960年代初頭に，いち早く青少年の体力低下を指摘したのは企業であり，財界もまた学校体育に体力つくりを要請した。

　1959（昭和34）年には，1964（昭和39）年の東京オリンピック開催が決定する。1961（昭和36）年には「スポーツ振興法」ができ，スポーツの高度化と大衆化を支える基盤ができていく。そして臨んだ東京オリンピックでは，日本選手団は活躍したが，外国の選手との圧倒的な体格差や体力差をみせつけられることとなった。また，この頃オリンピックの選手強化を通じて，体力つくりの科学が研究されるようになり，体力つくりへの期待が高まっていく。

　こうした流れを受けて，1968（昭和43）年改訂学習指導要領では，体力つくり体育が登場することとなった。その具体的目標の始めには，「強健な身体を育成し，体力の向上を図る」が位置づけられることになり，また総則の第3として「健康で安全な生活を営むのに必要な習慣や態度を養い，心身の調和的発達を図るため，体育に関する指導については，学校の教育活動全体を通じて適切に行なうものとする。特に，体力の向上については，体育科の時間はもちろん，特別活動においても，じゅうぶん指導するよう配慮しなければならない」という文章が入った。いまでもしばしばいわれる「体格の伸びに体力がついてきていない」というのは，実はこの頃からいわれるようになったのである。そのため，朝の朝礼時に，全校でグラウンドを走ったり，なわとび検定を行ったりする学校が増えることとなった。中学校保健体育科は，それまで年間105時間（週3回×年35週）だったのが，このとき125時間に増えることとなった。しかしながら，この時期は体育だけでなく，ほかの教科でも内容が多く詰め込みになりがちで，落ちこぼしを生んだという反省もあった。体育では，せっかちな体力つくり，果てしない体力つくりなどと揶揄され，また学習とトレーニングが混同されたり，罰ゲームと称した体力つくりなどが行われ，体育嫌いを生み出す一因にもなった。そのため，次の1977（昭和52）年改訂学習指導要領からは，体力の位置づけが変わることになった。

　いずれにせよ，この時期までの体育は，社会的な要請に従って，民主的な人

間形成，体力つくりの手段として位置づけられているところに特徴があった。

3 楽しい体育論の登場

（1）1977年改訂学習指導要領

　1955（昭和30）年頃から始まった高度経済成長は，1973（昭和48）年のオイルショックの影響で翌年に終焉し，低成長時代に入ることとなった。この頃から脱産業社会，脱工業化社会といわれ，経済構造も第二次産業から第三次産業へと移っていくこととなった。こうした中，教育内容の詰め込みからの反省で，「ゆとりある充実した学校生活の実現」が求められ，教育内容の削減や「ゆとりの時間」の創設が行われた。これまで学習指導要領の内容は増えてきたが，この1977（昭和52）年改訂学習指導要領からは，各教科等の目標や内容を中核的事項にしぼり，「ゆとり」が重視されて，子どもたちの学習負担を減らすことが目指された。体育の目標も，体力が前に出ることはなくなり，以下のように改められた。「適切な運動の経験を通して運動に親しませるとともに，身近な生活における健康・安全について理解させ，健康の増進及び体力の向上を図り，楽しく明るい生活を営む態度を育てる」。つまり，「楽しい体育」が目指されることとなった。

　前節の最後にも述べたように，これまでの体育は社会における有用な価値（民主的な人間形成，体力つくり）を優先して，スポーツそのものに含まれる内在的な価値に着目してこなかった。こうした「身体活動を通しての教育」を批判し，1963（昭和38）年頃に「運動文化そのものを自己目的とする教育，あるいは運動文化の追求を目的とする教育が体育」だという主張もみられた。丹下保夫によってなされた「運動文化論」といわれるこの主張は今日なお有力で，運動文化・スポーツの価値を追求し続けている。体育科で教える固有の内容を運動技術や戦術のみならず，民主的な組織の追求や，スポーツの条件の追求にまで広げた体育論である。体育界に多大な影響を与えた主張であったが，教育行政への影響は乏しく，主要な主張とはならなかった。

体育のみならず，教育全体が，内容の縮小と子どものゆとりを目指す中で，「運動に親しむ」「楽しい生活」という目標を掲げて「楽しい体育」は登場した。行政（学習指導要領）における「楽しい体育」の考え方は，民間教育研究団体である「全国体育学習研究会」が主張した「楽しい体育論」と連動するようにして注目されて広がっていった。

　「楽しい体育論」の考え方は，ホイジンガやカイヨワなどのプレイ論に基づく主張が取り入れられたものであった。そして，スポーツの特性に触れることが体育の役割だとして，その特性を①機能的特性，②構造的特性，③効果的特性の３つに分類する。一般的に考えると，体育学習は②の構造的特性の中味である運動技術・戦術やルールなどの学習が中核になると考えられる。そして，楽しさなど①の機能的特性や，体力など③の効果的特性は，随伴的に形成されると考える。しかしながら，楽しい体育論では，機能的特性である楽しさに触れることなく，運動技術・戦術などを身に付けることは体育学習としては狭いと捉えることになった（永島，1992，153頁）。こうして楽しい体育論では，機能的特性＝楽しさを身に付けることが目指されるようになった。スポーツは，競争型，克服型，達成型に分類され，それぞれの特性に触れることが目指された。学習の方式としては，どの方式でも，まずはやさしい運動（競争，障害，記録）で楽しみ，次に工夫した運動や難しい運動で楽しむと定式化された。

　しかしながら，楽しさの位置づけをめぐっては，その後多くの研究者から批判が出ることとなった。

（２）1989年改訂学習指導要領

　1989（平成元）年改訂学習指導要領は，これまでの教育を大きく変えることとなった。まず社会に目を向けてみれば，1980年代半ばには日本電信電話公社や日本国有鉄道といった国有企業が民営化し，税制が大きく変わることとなった。これまでは護送船団方式だった企業は，新自由主義政策によって市場競争を余儀なくされる。それに伴い企業の税制は優遇され，その分が土地や有名な絵画，あるいは外国企業の買収などを生み出し，その後バブル経済といわれる

時代となった。そのような時代に，教育の護送船団方式＝すべての子どもたちに同じような教育を行うというこれまでの考え方を見直し，「個性を生かす教育の充実」が目指されることとなった。

　体育の目標は，「適切な運動の経験と身近な生活における健康・安全についての理解を通して，運動に親しませるとともに健康の増進と体力の向上を図り，楽しく明るい生活を営む態度を育てる」と1977年改訂学習指導要領の目標ととくに変わっているわけではない。大きく変化したのは，1991（平成3）年に出された学習指導要録における評価の観点である。この要録では，「関心・意欲・態度」が評価の一番上にくることとなり（新学力観），従来の知識や技能の習得よりも，重視されることとなった。そして，この頃，楽しい体育の学習方式として，めあて学習が採用された。めあて学習は，次のような特徴をもっている。①自発性の重視と②「めあて」の自己決定の重視である。この場合もやはり運動の機能的特性（楽しさ）に触れることがねらいとされた。

（3）1998年改訂学習指導要領

　1998（平成10）年の学習指導要領の改訂は，様々な混乱を生むこととなった。従来の「ゆとり」「個性重視」を引き継いで，さらに内容を厳選し，自ら学び自ら考える力を養うべく，改訂された。具体的には，学校週5日制，総合的な学習の時間の導入などによって，その理念を達成しようとした。総合的な学習の時間は，週3時間で年間105時間が費やされた。そのため，体育科の時間数はこれまで105時間（1年生は102時間）だったものが，すべての学年で90時間に縮小されることとなった。しかしながら，『分数のできない大学生』（岡部ほか編，1999）という本の刊行を契機として，学力低下論争が起こり，2000（平成12）年になると当時の遠山文部大臣によって「学びのすすめ」「生きる力（確かな学力，豊かな人間性，健康・体力）」といった文書が出され，学力向上に関わる様々な施策がスタートすることとなった。こうして，改訂されて施行される（2002年）までに，学力重視へと舵を切ったといえるのである。

　とはいえ，1998年改訂学習指導要領の文言はそのまま残り，体育は1977年改

訂，1989年改訂の学習指導要領を引き継ぐ形となった。目標は以下のとおりである。「心と体を一体としてとらえ，適切な運動の経験と健康・安全についての理解を通して，運動に親しむ資質や能力を育てるとともに，健康の保持増進と体力の向上を図り，楽しく明るい生活を営む態度を育てる」。

ここでは，目標に「心と体を一体としてとらえ」が入り，それに対応するように，領域の一つである「基本の運動」が高学年では「体つくり運動」となった。「体つくり運動」が導入されたのは，様々な原因が考えられるが，児童生徒の体力運動能力に低下傾向や二極化傾向がみられていること，いじめや不登校の原因として，他人との関わりがうまくできないことが考えられること，そして幼児期，児童期において十分に運動遊びを経験していないことがあげられる。このうち，他人との関わりがうまくできない問題は，いじめや不登校だけでなく，その頃目立っていた若年層による事件とも関係していた。「体つくり運動」は「体力を高める運動」と「体ほぐしの運動」からなり，後者には「気づき」「調整」「交流」という3つのねらいがある。これを人間関係の構築に生かすことが目指されたのである。このようにめあて学習は，個々のめあての追求のみならず，友達との交流という観点が入ったものの，引き続き学習の方式として採用された。

4 2008年改訂学習指導要領

2008（平成20）年改訂学習指導要領では，1977（昭和52）年から約30年にわたって展開された「ゆとり」路線が変更された。つまり，それまでは子ども中心主義的な路線であったが，2003（平成15）年のPISA（Program for International Students Assessment）の結果を受けて，「学力低下を認識すべきだ」という当時の中山文部科学大臣の発言が出され，学力重視の路線に舵を切ることとなった。そこでは，知識や技能の習得と思考力などの育成のバランスにねらいを置いた。また，小学校に外国語活動が導入されることとなった。総合的な学習の時間の授業時数を減らし，各教科の授業時間が増えることとなった。体育科は，

5，6年生は90時間のままであったが，その他は105時間（1年生は102時間）に増えることとなった。また，PISAの影響から「言語活動の充実」が図られ，2006（平成18）年の教育基本法の改正などを受けて「豊かな人間性」や道徳が重視されることになった。中学校の保健体育科では，武道が必修化されるなど伝統文化に関わる教育の充実が図られた。体育では体力低下が問題とされ，2008年からは，「全国体力・運動能力，運動習慣等調査」が行われるようになった。

　体育科の目標そのものは，以下のとおりであり，大きく変わってはいない。「心と体を一体としてとらえ，適切な運動の経験と健康・安全についての理解を通して，生涯にわたって運動に親しむ資質や能力の基礎を育てるとともに健康の保持増進と体力の向上を図り，楽しく明るい生活を営む態度を育てる」。

　楽しい体育の学習スタイルであるめあて学習は，「いまもっている力で楽しむ」ことはできても発展させられない子どもが多いという指摘，批判もなされた。そのため，この学習指導要領では，「基礎的な身体能力を身に付け，運動を豊かに実践していくための基礎を培う観点から，発達の段階に応じた指導内容の明確化・体系化を図った」（文部科学省，2008，5頁）とされている。そして，「わかって，できる」運動学習という考え方が採用されることとなった。

　内容面では，これまで高学年のみに置かれた「体つくり運動」領域が，低中学年にも置かれるようになり，「基本の運動」はなくなることとなった。それに伴い，従来，低学年では，「基本の運動」と「ゲーム」の2領域であったものが，中高学年と同じような領域区分となった。また，従来ボール運動はバスケットボール型，サッカー型など種目名で示されていたが，この学習指導要領では，「ゴール型」「ネット型」「ベースボール型」と3つの型に整理された。例示では，フラッグフットボールやタグラグビーなど新たなスポーツ種目も取り扱いが可能になった。

5　2017年改訂学習指導要領

（1）改訂のスケジュール

　2011（平成23）年に小学校で，2012（平成24）年に中学校で始まった2008年改訂学習指導要領は，2014（平成26）年になると見直しの作業が始まる。その際に，「詰め込み」だという批判がなされた。そして，この頃よりアクティブ・ラーニングの必要性がいわれるようになった。改訂に関わったスケジュールは以下のとおりである。

```
2012（平成24）年12月～2014（平成26）年3月　育成すべき資質・能力を踏まえ
    た教育目標・内容と評価の在り方に関する検討会—論点整理—
2013（平成25）年3月　国立教育政策研究所『報告書5』の「21世紀型能力」
2014（平成26）年11月20日　中央教育審議会（中教審）諮問
2016（平成28）年8月1日　「審議のまとめ」
            12月21日　「幼稚園，小学校，中学校，高等学校及び特別支援
                    学校の学習指導要領等の改善及び必要な方策等につい
                    て」（中教審答申）
2017（平成29）年3月　幼小中で改訂
2020（平成32）年4月に小学校，2021（平成33）年4月に中学校において全面実施
```

　このように，学習指導要領は改訂されて，一定の検証を経るより先に次の改訂が行われるところに特徴があるといってよい。

（2）**2017年改訂学習指導要領の全体的な特徴**

　新学習指導要領の特徴の一つは，これまで各教科の内容ベースで示されていた目標を，以下の3つの資質・能力にまとめたところにある。

　①生きて働く知識・技能の習得

　②未知の状況にも対応できる思考力・判断力・表現力等の育成

　③学びを人生や社会に生かそうとする学びに向かう力・人間性等の涵養

表2-1　新学習指導要領の領域

学年	1・2年	3・4年	5・6年
領域	体つくりの運動遊び	体つくり運動	
	器械・器具を使っての運動遊び	器械運動	
	走・跳の運動遊び	走・跳の運動	陸上運動
	水遊び	水泳運動	
	ゲーム		ボール運動
	表現リズム遊び	表現運動	
		保健	

出典：文部科学省（2017）25頁より。

　この3つの資質・能力は、体育科に限らず、すべての教科や教科外活動において掲げられているものであり、学習指導要領の目標もまたこの3つにまとめられている。これは、2008年の学校教育法の改正によって、第30条2項に次のような文言が入ることになったことによる（下線：筆者）。

　　「前項の場合においては、生涯にわたり学習する基盤が培われるよう、<u>基礎的な知識及び技能</u>を習得させるとともに、これらを活用して課題を解決するために必要な<u>思考力、判断力、表現力</u>その他の能力をはぐくみ、<u>主体的に学習に取り組む態度</u>を養うことに、特に意を用いなければならない。」

　内容については、「学習内容の削減は行わない」と書かれており、領域名は若干の変化はあったが、表2-1のとおりである。

　特徴の2つ目は、「どのように学ぶか」に関わって「主体的・対話的で深い学び」がいわれたことである。これについては、本書第5章で扱うことになっている。中央教育審議会の議論では、アクティブ・ラーニング（AL）がいわれていたが、ALと示すと、あたかもALという固定された学習方法が存在するかのように捉えられかねないとして、「主体的・対話的で深い学び」となった。体育科でも、すでに様々な考え方が出されているが、学習の形式が大切なのではなく、子どもたちが教育内容をより深く学べるかどうかが問われている。

　特徴の3つ目は、「社会に開かれた学校」と学校におけるカリキュラム・マ

ネジメントである。現在，学校の教員は労働時間が長く，学校はブラック企業だといわれることもある。そのため，地域社会の人材を学校へ連れてきて，社会に開かれた学校の実現を目指し，また教員が一丸となって「チームとしての学校」なるものの実現を目指すことが謳われている。

（3）「資質・能力論」の前提について

　新学習指導要領が，資質・能力論をベースとして，アクティブ・ラーニングに言及しているのは，いくつかの流れを前提にしているといってよい。

　一つは，OECD（経済開発協力機構）のDeSeCoプロジェクトである。1997年に始まったこのプロジェクトでは，まず知識基盤社会におけるキー・コンピテンシー（主要能力）を定義する。その際に，いままでの教科の「学力」に対して，より日常生活において活用することを念頭に置いて，「リテラシー（数学的，科学的，読解）」を対置させた。さらに，「自律的な活動」「異質な集団での交流」も置いている。ここに「主体的，対話的な学び」の一端がみられる。

　さらに，これらをベースに，日本では国立教育政策研究所が「21世紀型能力」，すなわち，「思考力を中心とした基礎力と実践力」を定義した。この定義は，前世紀末の知識と思考力を二項対立にして後者を重視した流れに対しての明確な反省がみられる。そして，「実践力」の中に，「自律的活動力」や「人間関係形成力」「社会参画力」を置いており，ここにも「主体的，対話的な学び」のベースがあることがわかる。また諸外国においても同様の資質・能力論が議論され，そこからナショナル・カリキュラムを構想する方向性を共有している。しかし，このような動きは，DeSeCoプロジェクトがイニシアティブをとったというよりは，教育学や心理学の学びの定義の変化にDeSeCoプロジェクトが同調しているともいえる。

　たとえば，かつての行動主義的学習観（刺激―反応説）においては，何かができるようになった＝学習が起こったと考えるわけであり，設定された問題とその解決にかなり狭く限定された学習であった。しかも，子どもの反応を引き出すような刺激をどう用意するのかが研究のテーマとなっていた。教師が用意

したプログラムに子どもを当てはめることで，子どもたちはできるようになっていく。しかしながら，この場合，子どもたちの学びはかなり受動的なものとならざるを得ない。そのため，子どもの認知過程に働きかける認知主義的学習観が登場する。さらには，知識は主体によって構成されるという構成主義的学習観が見直されるようになってきている。この構成主義的学習観は，ピアジェのような個人的な構成主義と，ヴィゴツキーのような社会的構成主義に分類される。1990年代にヴィゴツキーが見直されたのは，学習において他者との協同とならんで，道具としての言語を介在させたところにある。さらに，この頃紹介されたレイヴとウェンガー（1993）の「正統的周辺参加の理論」または「状況的学習」や「認知的徒弟制」のように，学習を設定された問題とその解決と狭くみるのではなく，学習とは参加だという考え方がみられるようになっていく。確かに，この頃，文化人類学の知見に学んで，学習や実践を問題解決における新たな認知の獲得だけではなく，その過程でふるまい方や所作なども同時に身に付けていって，社会の一員になっていくことなど学びの枠が広げられるようになった。ヴィゴツキーやレオンチェフを発展させたエンゲストローム（1999）の「活動理論」もこの時期に紹介されてきている。

このように，学習を参加として捉える考え方や，社会に出たときの状況に即した学び，あるいは活用という視点から，今回の資質・能力論は出てきているといえる。

（4）体育科の目標

新学習指導要領における体育科の目標は以下のとおりである（下線：筆者）。

「<u>体育や保健の見方・考え方を働かせ</u>，課題を見付け，その解決に向けた学習過程を通して，心と体を一体として捉え，<u>生涯にわたって心身の健康を保持増進し豊かなスポーツライフを実現するための資質・能力</u>を次のとおり育成することを目指す。」

さらに，3つの資質能力に対応させて，3つの下位目標が設定されている。

「(1) その特性に応じた各種の運動の行い方及び身近な生活における健

表2-2 体育科において育成を目指す資質・能力の整理（小学校）

小学校体育	個別の知識や技能	思考力・判断力・表現力等	学びに向かう力・人間性等
運動領域	各種の運動が有する特性や魅力に応じた知識や技能 ・各種の運動の行い方に関する基礎的な知識 ・各種の運動を行うための基本的な技能	自己の能力に適した課題をもち、活動を選んだり工夫したりする思考力・判断力・表現力等 ・自己の能力に適した課題に気付く力 ・自己の課題を解決するための努力を選んだり、運動の行い方を工夫したりする力 ・思考し判断したことを、言葉や動作等で他者に伝える力	運動の楽しさや喜びを味わい、明るく楽しい生活を営むための態度 ・進んで学習活動に取り組む ・約束を守り、公正に行動する ・友達と協力して活動する ・自分の役割を果たそうとする ・友達の考えや取組を認める ・安全に気を配る
保健領域	身近な生活における健康・安全についての基礎的な知識や技能 ・健康な生活・発育・発達、心の健康、けがの防止、病気の予防に関する基礎的な知識 ・不安や悩みの対処やけがの手当に関する基礎的な技能	身近な健康課題に気付き、健康を保持増進するための情報を活用し、課題解決する力 ・身近な健康課題に気付く力 ・健康課題に関する情報を集める力 ・健康課題の解決方法を予想し考える力 ・学んだことを自己の生活に生かす力 ・学んだことや健康に関する自分の考えを伝える力	健康の大切さを認識し、健康で楽しく明るい生活を営む態度 ・自己の健康に関心をもつ ・自己の健康の保持増進のために協力して活動する ・自他の心身の発育・発達などを肯定的に捉える

出典：中央教育審議会（2017）より。

　　康・安全について理解するとともに、基本的な動きや技能を身に付けるようにする。
　(2)　運動や健康についての<u>自己の課題を見付け、その解決に向けて思考し判断するとともに、他者に伝える力を養う。</u>
　(3)　運動に親しむとともに健康の保持増進と体力の向上を目指し、楽しく明るい生活を営む態度を養う。」
　新学習指導要領では、体育と保健のいっそうの結びつきが強調されている。なお、新学習指導要領小学校体育科において育成を目指す資質・能力は表2-2

のとおりである。

引用文献

エンゲストローム，ユーリア著／山住勝広ほか訳（1999）『拡張による学習――活動理論からのアプローチ』新曜社。

岡部恒治・戸瀬信之・西村和雄編（1999）『分数ができない大学生――21世紀の日本が危ない』東洋経済新報社。

中央教育審議会（2017）「幼稚園，小学校，中学校，高等学校及び特別支援学校の学習指導要領等の改善及び必要な方策等について（答申）別添資料（2／3）」（http://www.mext.go.jp/b_menu/shingi/chukyo/chukyo0/toushin/1380731.htm　2017年9月21日アクセス）。

永島惇正（1992）「体育の内容」宇土正彦編『体育科教育法講義』大修館書店，49～59頁。

文部科学省（2008）『小学校学習指導要領解説体育編』東洋館出版社。

文部科学省（2017）『小学校学習指導要領解説体育編』。

レイヴ，ジーン，ウェンガー，エティエンヌ著／佐伯胖訳（1993）『状況に埋め込まれた学習――正統的周辺参加』産業図書。

──（学習の課題）──

(1) 学習指導要領の変遷をみるときに，子どもの意欲や態度を中心にした考え方と，教科の内容を中心とした考え方を2つの極として，振り子が振られてきた。それぞれの良い点と課題をあげて，どう統一すればよいか考えてみよう。

(2) 新学習指導要領の考え方の特徴の一つに，3つの資質・能力論がある。これらがどのようにして出てきたのかを説明してみよう。

【さらに学びたい人のための図書】

中村敏雄編（1997・1998）『戦後体育実践論』1巻～3巻，創文企画。
　　⇨日本の戦後の学校体育の実践史のみならず理論史を知るにはもってこいの3冊。なお，（1999）『戦後体育実践論　資料編』もある。

（石田智巳）

第3章 体育科の教材づくり論

この章で学ぶこと

どんな教科でも，学校で教える場合には，教材を用いる。しかしながら，チョークも，ボールも，クロールも水泳も教材といわれたりする。一般的な語と専門的な術語がやや曖昧に使われているのである。そこで，本章では，まず教材概念の整理を行い，その後，体育授業における教材づくりの特徴と方法について述べることにしたい。

1 教材とは何か（素材―教育内容―教材）

（1）体育科教育における教材概念の検討

体育科教育における教材概念について体系的に整理して報告しているのは，岩田靖（1997，2011，2017）である。一般的に，終戦直後から1970年代までの体育科教育は，「運動を通しての教育」といわれた。スポーツの手段的な位置づけが強調されているが，一方で運動技術などは教える内容でもあった。そのため，この時期，「教科論レベル」において，スポーツは「教材」であり「内容」であるという理解がなされることになった。

これに対して岩田（1997）は，一般教育学ではすでに展開されていた「教育行為の目的意識性」や「教師の意図的な働きかけの構造」という「授業論のレベル」において教材論が十分に展開されていなかったことを問題とする（234頁）。そして，岩田（2011）は，「『教材』とは，学習内容を習得するための手段であり，その学習内容の習得をめぐる教授＝学習活動の直接の対象となるものである」（19頁）と規定している。なお，本章では教師の授業構想の段階では「教えたい内容」を用い，「教育内容」は「教材」との関係で用いることとして

いる。「教科内容」という概念は、教科に固有の内容を指すのだが、これは本章第4節で扱う。

（2）教えたい内容と学習場面

　教材づくりといった場合、主として何をどのぐらいの時間で教えるのか（単元の計画）、次に、一時間の授業では何をどのような順序で教えるのか、そして、一時間の中で教えたい・考えさせたい内容をどのような学習場面で教えるのかが構想される。一般に単元名は、バスケットボールなどの種目（素材）で表されることが多い。体育の教材づくりにおいて押さえておきたいことがらは、バスケットボールを教えるというのではなく、バスケットボール単元で教師が教えたい内容を教えるために、子どもたちが直接挑みかかれるような運動のまとまりを用意して、教える・考えさせるという関係に置かれるということである。とくに、運動学習を中心とする体育科においては、教えたい内容を子どもが具体的に学習する場面をつくることが特徴ともいってよい。したがって、学習する内容の焦点化とともに、子どもが活動する、学習する場面が事前に描けなければならないのである。

　バスケットボールでいえば、ドリブルやシュートといった個人技能の学習から、パスやコンビネーションといった集団的な技能を学習し、そしてゲームを行うという授業は少なくない。問題は、ゲームで何を教えたいのかが明確でないことや、パスやシュートなど学習の場面や形式はあるものの、そこで教えたい内容がないことである。

（3）リレーのバトンパスで考える

　逆に、教えたい内容はあるけれど、どのような学習場面で教えたらよいかがわからないこともある。このことをリレーで考えてみたい。

　リレーを取り上げるときに、中学年でも高学年でもバトンパスが指導の中心になる。止まったままバトンをもらうのではなく、進行方向に動き出してパスをもらうという初歩的なレベルから、両者が全力で走りながらパスをもらうレ

ベル，あるいはテイクオーバーゾーンを活用して一人ひとりの走距離を変化させてパスをもらうというレベルまで，課題は様々にあると思われる。ここでは「ほぼ全力で走りながら決めておいた地点でパスをもらうという課題」を，教えたい内容として考えてみたい。この課題を与えると，中学年でもおおよその位置を決めて，そこにバトンを持った走者が来たら走り出すという意見は出てくる。しかしながら，これはきわめて曖昧である。この課題を三十数人の授業で実際に行うためには，どんな学習場面を用意するのかが問われることになる。

　このとき，「ほぼ全力で走りながらパスをもらう」という教育内容を，再度検討する必要がある。つまり，渡し手と受け手の２人の関係に置き直してみるのである。すると，課題は細分化される。まずは，バトンをもらう位置を決める。すると，最終的には２人が全力で走ってその位置に到達したときにパスをするイメージが形成される。さらに，バトンを渡す手と受ける手，バトンパスの位置などとともに，２つのことをあらかじめ決めておく必要がある。これについて，読者の皆さんにも２分ほどぜひ考えてほしい。

　その２つのうちの一つは，「受け手が何ｍ加速するのか」である。違ういい方をすれば，受け手が最初に立っておく位置である。小学校の授業でリレーを扱う場合は，この距離は全員同じにしておく方がやりやすい。もう一つは，受け手が走り出すタイミングである。ただし，タイミングというのは目に見えないので，それを空間に置き換える作業が必要になる。それは，図３−１のように受け手が立つ位置から渡し手の方に，１ｍごとに線を引いておいて，渡し手がどこまで来たら受け手が走り出すとよいのかを確認させるのである。これは，ペアによって違うので，授業では２人でちょうど合う位置を探させることが課題となる。

　この学習場面＝教材として考案されたのが，図３−１のような「ゴーマーク鬼ごっこ」である。このようにすれば，前走者がどこに来たら走り始めればよいのか，そのときの距離は何ｍなのかを目で見えるようにできるのである。まとめると，リレーの主たる課題であるバトンパスという教育内容を教えるために，まず学習課題を設定する。この場合，「受け手が走り出すタイミング（位

置)」となる。そして、「ゴーマーク鬼ごっこ」という具体的・典型的な学習場面をつくって(使って)教えるという関係に置かれることになる。換言すれば、「ゴーマーク鬼ごっこ」は内容と形式を備えた優れた教材だといえるのである。

もちろん、これはリレーという競技のうちのバトンパスの一部を取り出したに過ぎず、その他にも、「ゴー」というかけ声をかけること、

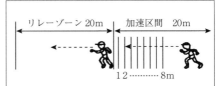

図3-1 ゴーマーク鬼ごっこ
出典:榊原(1987)より。

渡す直前に「ハイ」といって手が出てきたところに渡すこと、渡す手、受ける手の位置、渡し方や受け方などをあらかじめ決めておかなければ、実際にパスすることは難しい。

2 　個人運動の教材づくり——水泳を中心に考える

教材づくりは、授業で子どもがスポーツ・運動文化を学ぶために行われるのであるが、そのために学び手である子どもと、スポーツ・運動文化の二側面を捉える必要がある。単純にいえば、スポーツ・運動文化はそのままでは複雑であるため、教えたい内容を決めて、子どもがその内容を習得しやすいように加工するのが教材づくりという仕事である。そのため、素材としてのスポーツ・運動文化の研究のみならず、学び手である子どものことを考える必要もある。ここでは、この後者の子どもからみた教材づくりについて考えてみたい。

(1) あるテレビ番組から考える

筆者は、ある番組を見て非常に考えさせられたことがある。その番組は、視聴者が番組に登場するお笑い芸人(番組中では探偵と呼ばれる)に願いを叶えて

もらうというものである。その日の最初の探偵への依頼人は，若い女性であった。依頼人は，小学校6年生のときに学校で唯一25mが泳げなくて，それ以来一度も泳ぐことがなかったという。そのため，その後の人生でもどこか後ろ向きなところがあったという。そこで，探偵に25m泳げるようにして欲しいという依頼をしたのだった。

　水着に着替えてプールに現れた依頼人は，探偵に泳いでみるようにいわれて実際に泳いでみた。その泳ぎを見た探偵は，「おぼれた」とつぶやく。手足をバタバタしていたが，10mも行かずに立ち上がって「ハァー，ハァー」と苦しそうに呼吸をしたのだ。そこへ登場したのが，元シンクロナイズドスイミングのオリンピックメダリストである助っ人だ。依頼人は，助っ人に言われるがまま壁を蹴って距離を稼ぎ，バタ足で進みながら手をかくのだが，呼吸がうまくいかない。助っ人もそのことがわかっていて，顔を横に出すクロールの呼吸を繰り返し指導している。しかし，なかなかうまくならない。体力も消耗する。そこで，探偵と助っ人は技術の指導以外にある提案をする。それは，探偵は東京へ行かねばならず，助っ人は子どもが病気だから早く帰らなければならないことにして，時間を区切って集中して練習させるというものだった。そうして練習をして，最後の記録会が来た。依頼人は，手足をばたつかせてほとんどおぼれるような形で，しかしなんとか足をつかずに25m先のゴールに到達した。みんなが大喜びする中で，「クロールじゃなかったけど」という依頼人に対して，探偵は「自由形っていうし」と言った。何はともあれ，途中で足をつかずに25m行けたのであった。

（2）泳げない（つまずく）のはなぜか
　さて，映像がないので依頼人の泳ぎを紹介できないのだが，果たして依頼人は泳げたというのだろうか。確かに，クロール（もどき）で25m行けたことは事実である。この映像を初等体育という授業で学生に見せて「依頼人は泳げたというのか？」と質問をすると，訝しがる者が多い。
　問題とすべきなのは，彼女は水に浮いてバタ足をして，手でかきながら呼吸

の動作をしていた。しかし，彼女は息が吸えていなかったのである。だから，何回かかいたら立ち上がって「ハァー，ハァー」と苦しそうに呼吸をすることになる。

　助っ人の指導法は非常に一般的な方法であり，まずバタ足で推進力をえて，そこにクロールの手のかきをつけるというものだった。多くの学校やスイミングクラブなどでは，バタ足→面被りクロール→呼吸と進む指導法を採用しており，全国津々浦々で見られる指導法である。しかしながら，子どもが泳げないのは，そのまさに呼吸ができないからなのである。もちろん，顔を水につけるのが怖くて泳げないという例もある。さらには，平泳ぎがあおり足となってしまい，平泳ぎとはいえないという例もある。しかしながら，それらを除いて子どもたちが泳げないのは，泳ぎながら呼吸を確保できないからである。それは，教える側が「泳ぐ＝クロールや平泳ぎという泳法の指導」にとらわれているからだと考えられる。多くの子どもは，クロールや平泳ぎができれば，呼吸もできていることが多いので問題とならない。しかしながら，呼吸でつまずく子どもにとってみれば，クロールや平泳ぎをどれだけ練習しても呼吸はできるようにならないのであり，それゆえ泳げるようにならないのである。

　さて，学校体育に目を向けると，クロールや平泳ぎといった泳ぎ方は，学習指導要領では高学年で身に付けるべき運動として示されている。そのためにクロールをバタ足や面被りクロールのように分解して練習し，その後，呼吸をやりながら全体を完成させるというやり方が採用されるのである。これも一つの教材づくりである。つまり，クロールという素材を分解して再構成するわけである。しかしながら，うまくならないのは，その分解と再構成の仕方に問題があるからである。

　2008年改訂学習指導要領解説において「浮く・泳ぐ運動」（中学年）では，「呼吸をしながらの初歩的な泳ぎ」が入った。新学習指導要領において「水泳運動」で，「浮いて進む運動」「もぐる・浮く運動」に整理された。そして，「全身の力を抜」くことや，呼吸の仕方として「息をまとめて吐く」（文部科学省，2017，92～93頁）ことなど，泳ぐために必要な内容が示されており，このこと

は画期的である。

　依頼人に足りないのは，おそらく泳ぐ前に，「呼吸は吸う前に，強く吐くこと」や「息を大きく吸って浮き身をすれば，一度沈んでも浮いてくること」，その際に「力を抜くこと」であったと思われる。

（3）泳げることと教えられることの違い

　さてこのテレビ番組では，自分が泳げることと人を泳げるようにすることの違いがはっきりと描かれている。私たちも，自分がやってきたスポーツ・運動文化を教えるときに，子どもがどこにつまずいているのかを知らずに，自分たちがやってきた練習メニューを与えて教えたつもりになっている場合が多いといえるのではないだろうか。つまり，第1節でも述べたように，学習の形式はあるけれどそこで学習する内容が明示できないのである。箱根駅伝で連覇した青山学院大学のトレーナーである中野ジェームズ修一も，自分自身の経験から次のように書いている。「フィジカルトレーナーになる前，私は水泳の選手でした。その後，水泳のインストラクターになったのですが，初心者にうまく指導ができなくて辞めてしまいました。どうして息継ぎが下手なのか，なぜ下半身が沈むのか……。5歳で水泳を始めて以来，何の苦もなく泳げる私にとって，泳げない人の気持ちが正直わからない。だから的確な指導が行えなかったのです」(中野，2009，4-5頁)。先の助っ人もまったく同じだといえよう。

　学校で考える場合，子どものつまずきを克服するために，何を教える中心にするのか（教育内容），そのためにどんな学習の場面，この場合はどんな泳法（教材）を用意すればよいのかを考えることになる。

（4）ドル平泳法という教材とその成り立ち

　さて，このことから水泳の教材づくりについて考えてみたい。実は，学習指導要領に技術指導が入る1960年代の初頭に，水泳の技術指導の研究が精力的に行われた。学校体育研究同志会では，既存の指導法では子どもたちがなかなか泳げるようにならないことから，新しい指導法を考案しようと試行錯誤してい

た。そして，夏休みに毎日のように，子どもたちにつきあってみて，子どもたちが泳げないのは，呼吸ができないからだということを発見する。そのため，水泳で教える内容の中心に呼吸を置き，そこから手のかき（両手を前に浮かせて水を抑える）と呼吸を連動させ，呼吸をした後はバタフライのような形で軽く足を打つことによって浮いてくるのを待つという泳ぎをつくり上げた。この泳ぎ方を当時教わった子どもたちがドル平泳法と名づけた。この泳法はつまり，子どものつまずきを中心に組み立てられた泳法なのである（学校体育研究同志会編，2012）。

　中内敏夫（1990）は，ドル平泳法を含めて良い教材といわれてきたものを，「目標になる科学的法則や知識や芸術的主題と子どもの人格と能力の発達段階」という二側面を一元的に捉えた成果と評価している。中内によれば，教材づくりには「科学の成果や特定の作品を絶対化」して子どもを従わせる絶対的一元論と，「これらを子ども向けに翻案する」という二元論があるという。前者だと，できないのは子どもの無能のせいになるといい，また，後者は一見，教育的な装いをみせているが，「科学の成果や特定の作品を絶対化」しているという点では，同じだという。

　そうではなく，この2つの側面を別の方法で一元的に把握して教材をつくる作業が，歴史的に生み出された良い教材の条件なのである。それは「文化遺産を担っている科学的法則や芸術的主題をそのままの形で（絶対化して―引用者）子どもに近づけるのではなくて，これを子どもの生活に屈折させていくこと」（121頁）だといい，これをリアリズム一元論の立場からの教材づくりだという。

　少し難しい引用をしたので，具体例をあげておこう。水泳の例でいえば，クロールや平泳ぎなどという泳法を絶対化して，ヘルパーをつけて泳がせたり，呼吸をしない面被りクロールで泳がせるなどが，二元論にあたる。そうではなくて，そもそも広く泳法一般を考えて，そこに含まれている泳ぐ行為のうち，子どもたちが乗り越えなければならないのは何であるのか，あるいは子どもたちだけでは乗り越えるのが難しいつまずきは何かを探ることになる。そしてそれを子どもの生活に屈折させる＝子どもの論理に合わせて再構成することにな

る。この場合，教えたい内容は，「息を吸えば，沈んでも浮いてくる」「呼吸は水上でまとめて吐いてから吸う」「一連の動作では力を抜く」ことである。このような，目標レベル＝教育内容レベルでの問いかけ，さらに教材レベルでの問いかけの2つの問いかけの結果，ドル平泳法は生み出されたのである。

（5）個人運動の教材づくり

　個人運動の教材づくりは全体構造が描きやすい分，教材づくりの考え方も集団運動に比べると考えやすいといえる。この全体構造を考えるときに，マイネル（1981）の局面構造の考え方が参考になる。マイネルは，個人運動は循環運動と非循環運動に分けられるという。前者の循環運動とは，走る運動や泳ぐ運動がそれにあたる。同じ動作を繰り返す運動である。それに対して，投げる運動や，跳ぶ運動などが非循環運動にあたる。非循環運動は，明確な3つの局面構造をもつことになる。それは，準備局面，主要局面，終末局面である。

　野球のピッチャーのように投げるという場合で考えてみよう。振りかぶって，ボールを持っている腕を引くところが準備局面となる。主要局面はそこから「ボールを投げる」というこの運動の主要な課題を解決するところである。終末局面は，投げ終わって動きを止めるところである。投げたり，打ったりする動作では，準備局面の際に，力を作用させる方向とは逆に動くところに特徴がある。このように局面に分けて，何を中心に教えるのか，それをどんな場面で教えるのかを構想することになる。

　走る運動は循環運動といったが，100m走のような競技の形式で考えると，スタートダッシュ―加速―中間疾走―フィニッシュという全体構造をもつと捉えることができる。このときに，子どもの主要なつまずきは何かを考えたときに，中間疾走時に「スピードが落ち込む地点がある」ということを主題として，その克服を目指すことが行われている（出原，1981）。

　また，走り幅跳びでは，助走―踏切―空中姿勢―着地という全体構造をもつ。なかでも，助走から踏切を中心に教えることが多い。しかしながら，小学校3年生ぐらいでは両足着地ができずに，踏みきった足と反対足で着地しようとす

るケース（ジャンプではなく，ステップとなる）が見られる。これもつまずきの一つであり，そこを取り出して，3歩の助走から両足着地を取り出して教材化することもある。

　跳び箱などは，踏切―第一空中局面―着手―第二空中局面（主要局面）―着地という構造をもつことになる。腕支持開脚跳びでは，手をできるだけ遠くにつく指導が行われているが，向山洋一（1982）が明らかにしたように，子どものつまずきは遠くについた手で体を突っ張るようにしてしまい，肩が前に出ないところにある。そのため，手をついて肩を前に出すような指導場面をつくる必要がある。それと，子どもたちの多くは，踏切から着地までの一連の動作をイメージするのが難しく，着手から第二空中局面で怖さが出てくる場合，着地のイメージがもてない場合がある。そのため，まず跳び箱から下りる指導，つまり，局面でいえば最後の局面から先に教えることが有効であることが示されている。

3　ボール運動の教材づくり

　以上のように，スポーツ・運動文化という素材を教材化するときには，素材となるスポーツ・運動文化の全体構造を捉えること，そこから学校で教える内容を抽出し，それにふさわしい形で教材化するという手順を踏むことになる。そのため，もはやバスケットボールを教えるとか，水泳を教えるというような大雑把なレベルではなく，バスケットボールでは〇〇を教えるために，こういう場面や教材を用いたという議論になるのである。以下には，ボール運動を例に教材づくりの考え方を示しておきたい。

（1）ボール運動の階層構造

　個人運動の場合，局面構造がはっきりしているので，全体構造が捉えやすく，そのため指導も考えやすい。しかしながら，ボール運動の全体像はなかなか捉えるのが難しい。それは，個人運動のように，一連の運動ではなく，攻撃や防御が相手も味方も含めて行われるからである。

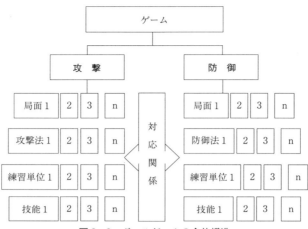

図3-2 ボールゲームの全体構造
出典：佐藤（1986）を参考に筆者作成。

そのため，まずは全体像を考えるところから始めたい。

図3-2は，佐藤善治（1986）を改編して作成したボールゲームの階層構造である。

ゲームが一番上の水準にくるのだが，ゲームは攻撃と防御に分かれている。攻撃と防御の間は「対応関係」としたが，これはある攻撃法に対応する防御法が選ばれるという意味である。攻撃法やその練習法が多様にあれば，その防御法も多様にあることを示している。局面というのは，バスケットボールでいえば，「速攻」「遅攻」「セットプレー」などがある。「遅攻」には，「パスワークプレー」「パス＆ラン」「スクリーン」などの攻撃法がある。練習単位というのは，その攻撃法を具体的なゲーム場面を想定して，練習の形式に切り取ったものである。5人の攻撃の右サイドでの3対3の攻撃練習だとか，ゴール前での2対2の練習である。そして，一番下の水準には，パス，シュート，ドリブルなどの技能が位置づけられる。これは練習内容を考えるときに役に立つのだが，下の水準から上に向かって考えるのではなく，やりたいゲーム，必要な練習の局面やそこでの攻撃法，そして具体的な練習の単位や技能が，上から下に向かって考えられるところに特徴がある。

（2）ボール運動の教材づくり

　これはあくまでも全体像を示しているのであるが，ここから授業で用いるゲームと練習を考えることになる。

　まずゲームであるが，必ずしも5対5で行う必要はなく，多くの場合3対3や4対4，あるいは3対2のオーバーナンバーで行われることもある。さらには，3対3で形式的には行うものの，パス専門のプレイヤーを配置することなど，攻撃が手詰まりの状況を打開できるような工夫もできる。なるべくシュート数を増やしたいと思うならば，ハーフコートゲームがよく，空いている空間を相手よりも速く攻めたいのであれば，オールコートがよい。教えたい内容によってゲームの形式が決まるのである。ここでハーフコートゲームを選択したら，局面のレベルでは必然的に遅攻を選択することになり，速攻を練習する必要はない。そして，攻撃法として，「パス＆ラン」「ボールを持っていない人がディフェンスを振り切ってパスをもらう」「ボールを持っていない人がディフェンスを引きつけてドリブル突破」などが選択される。ただし，いくつも選択できないので，子どもたちの発達水準にあわせて攻撃法が選択されることになる。こうやって，ゲームの水準から局面，攻撃法，練習単位が選択されて，最後にこれらのゲームに必要な技能が選択されることになる。小学校ではレイアップシュートの練習をしても，なかなかゲームでは出現しない。子どもたちの実態に合うようなシュート練習，パス練習が選択されることになる。

（3）練習の最小単位の創出

　さて，このように考えたとしても，まだ抽象的すぎるので，もう少し具体的に述べてみたい。

　バスケットボールを例にとると，小学校レベルでのバスケットボールは，シュートが入りやすい空間（重要空間）に，ボールを運び込んでシュートを打つことをねらいとするゲームである。このボールの持ち込み方であるが，主としてドリブルで持ち込む場合と，パスで持ち込む場合がある。一流選手のゲームでは，どちらも行われるが，授業の場合，ドリブル突破は一部の子どもたち

図3-3　2人のコンビネーションからのパス・シュート

出典：学校体育研究同志会（1973）49頁より。

にしかできないことが多く，チームで攻撃するといった場合に，パスでの突破を図りたい。そのため，シュート練習が重要になるのだが，閉鎖型スキル*としてのパス練習も必要になるが，開放型スキルの基礎となるシュート練習も必要になる。そのため，「2人のコンビネーションからのパス・シュート」を基礎練習として位置づけたい。これは，図3-3のように，BがAにパスを送り，Aはゴールに正対してシュートを打ち，Bはリバウンドに行くことを表している。ポイントは，Aがボールを受け取って，「1，2」とステップを踏んでゴールと正対してからシュートを打つことである。

　なお，そうやって練習をしたとしても，上手な子がドリブル突破をして，教師の教えたい内容とは違う形でゲームが進むことはよくある。そのため，通常の得点で勝敗を競うことに加えて，作戦通りのプレイが出た場合に得点をアップするなど，ねらいに向かわせる工夫も必要になる。

　＊　閉鎖型スキル（クローズドスキル）とは，変化が少なく安定した環境で行われるスキルのことである。一方，じゃまする相手がいるなど外的な要因に左右され，不安定な環境で行われるスキルは開放型スキル（オープンスキル）と呼ばれる。

４　教科内容―素材―教育内容―教材

　第1節において，素材と教育内容と教材の概念整理を行った。ただし，これについてはもう少し整理が必要と思われる点がある。そこでは，教科論レベルにおける「素材＝教材＝内容」という混乱があること，授業論レベルで教育行為の目的意識性に応じて，「素材―内容―教材」を区別するという整理がなされた。それに対して，素材の選定のレベルでも教師が教えたい内容を選択することも可能である。たとえば，2008年改訂学習指導要領では，ボール運動の領

域は，ゴール型，ネット型，ベースボール型としてまとめられた。そして，ゴール型には，サッカー，バスケットボール，フラッグフットボールなどが入っている。ということは，教師（集団や学校）が教えたい内容に応じて，ゴール型の中から種目＝素材が選び取られることが可能であることを示している。具体的にいえば，スポーツの本質の一つである競争（本書第1章参照）を教えるのであれば，どの素材がいいのか？　という問いを立て，それに対する答えとしての素材が選択される。同様に，戦術行動を教えるためには何がよいのか？　作戦づくりを教えるのは何がよいのか？　という問いを立てることも可能である。実際に戦術行動を教えるには，プレイが止まるたびにハドルという作戦を確認する時間がある，フラッグフットボールがふさわしいという議論も行われている。フラッグフットボールがふさわしいのは，ほかのボール運動に比べて，難しい個人的な技術が要求されないからともいわれている。いずれにせよ，これらの考え方では，体育という教科を成立させている文化領域の中心となるスポーツから，技術・戦術，身体の使い方，ルール，競争，マナー，フェアプレイなどの「教科内容（教科に固有の内容）」が抽出される。そして，それを教えるにはどのスポーツがふさわしいのかというレベルで「教科内容―素材」の関係がまず検討されることになるのである。

　この考え方があまり前景化されないのは，学習指導要領には，体育科の目標があり，次に内容の領域（A体つくり運動からG保健）がきているからである。つまり，スポーツの学習において技能（ほかにも態度，思考力など）を身に付けるという考え方はみられるが，スポーツの本質としての競争やルールなどといった「教科内容」についての記載はないからである。「教科内容―素材」という考え方で，素材が選ばれたとしても，今度は素材の中から何を教えるのかという議論に当然なる。競争が教科内容に選ばれたとしても，サッカーならサッカーに固有の競争と技術・戦術もまた教える対象になるのである。つまり，「教科内容―素材―教育内容―教材」という関係に置かれるのである。そのため，この技術や戦術の学習をどのように構想するのかが，現実的な教材づくりにおいて教師の重要な仕事となる。

引用文献

出原泰明（1981）「高校・短距離走の実践から考える」『体育科教育』8月号，46〜49頁。
岩田靖（1997）「体育科の教材づくり論」竹田清彦ほか編著『体育科教育学の探究』大修館書店，223〜253頁。
岩田靖（2011）「教材論」日本体育科教育学会編『体育科教育学の現在』創文企画，107〜121頁。
岩田靖（2017）『体育科教育における教材論』明和出版。
学校体育研究同志会編（1973）『バスケットボールの指導』ベースボールマガジン社。
学校体育研究同志会編（2012）『水泳の授業』創文企画。
榊原義夫（1987）「問題提起　走運動の教材化の視点」『たのしい体育・スポーツ』秋号6(3)，8〜13頁。
佐藤善治（1986）「技術学をめぐる諸問題――技術構造への接近に対する提言」『運動文化研究』Vol. 4，14〜22頁。
中内敏夫（1990）『新版　教材と教具の理論』あゆみ出版。
中野ジェームズ修一（2009）『ランニングの作法』ソフトバンク新書。
マイネル，クルト著／金子明友訳（1981）『マイネル・スポーツ運動学』大修館書店。
向山洋一（1982）『跳び箱は誰でも跳ばせられる』明治図書。
文部科学省（2017）「小学校学習指導要領解説体育編」。

学習の課題

(1) 教材を教育内容との関係で把握するとはどのようなことをいうのか。説明してみよう。
(2) 教材づくりには，一方で子どもを，他方で運動文化をにらんで統一する必要がある。その統一の方式であるリアリズム一元論の考え方を説明してみよう。

【さらに学びたい人のための図書】

岩田靖（2017）『体育科教育における教材論』明和出版。
　⇨一般教育学や体育科における教材概念の変遷を検討，整理している。これまでの日本における教材づくりに関わる問題について理論的に検討を行っている。
丸山真司編（2008）『中村敏雄著作集3　体育の教材論』創文企画。
　⇨学校体育は何を教える教科であるかを問い続けた中村の教材論。「何のために」「何を」「どう教えるのか」を考えることができる。

（石田智巳）

第4章 体育科の指導計画

この章で学ぶこと

　かつて高田典衛（1976）は，「授業の診断法」を示し，授業には次の5つのレベルがあるとした。①義理でやっている授業。最低の授業。②計画（他人の計画も含む）をもって取り組んでいる授業。③自分なりに内容のエキスを絞っている授業。④子ども一人ひとりの力を引き出している授業，⑤感動する授業。そして，②を「真面目であれば素人でもできる」授業と述べ，③からが専門家らしい授業だと説明している。計画をもって授業をやるから，そこでの反省点が生まれ，次には教えたい内容を絞り込んで授業に取り組むことができ，さらに子どもたちの力を引き出すことができると考えられる。その意味では，年間の計画，単元の計画，1時間の計画の立て方を知る必要がある。この章では，体育科の年間計画の構想から，1時間の指導案の書き方まで，それぞれの段階での計画の立て方について学習する。

1　体育の年間指導計画をつくるということ

（1）教育課程編成の一般方針

　新学習指導要領の第1章は「総則」であり，その第1の1には，「各学校においては，教育基本法及び学校教育法その他の法令並びにこの章以下に示すところに従い，児童の人間として調和のとれた育成を目指し，児童の心身の発達の段階や特性及び学校や地域の実態を十分考慮して，適切な教育課程を編成する」と書かれている。

　これらを読むと，「各学校」が教育課程（カリキュラム）編成の主体であり，指導要領を参考にしつつも，地域の実態や子どもの発達段階などを考慮して教

育課程を編成すると書かれている。とりわけ，新学習指導要領では，学校における「カリキュラム・マネジメント」が重視されている。それゆえ，学習指導要領＝学校の教育課程ではなく，あくまでも子どもたちに応じて教師が作成することが強調されている。ここに，計画を立てる主体としての教師の役割がある。とはいっても，実際には6年間の学校の計画や，各学年の年間指導計画があって，各クラスで単元計画や指導計画を考えるときに子どもの実態や発達に応じることになる。

また，新学習指導要領第1の2の(3)には，学校における体育・健康に関する指導に関わって以下のような記載がある。「児童の発達の段階を考慮して，学校の教育活動全体を通じて適切に行うことにより，健康で安全な生活と豊かなスポーツライフの実現を目指した教育の充実に努めること。特に，学校における食育の推進並びに体力の向上に関する指導，安全に関する指導及び心身の健康の保持増進に関する指導については，体育科，家庭科及び特別活動の時間はもとより，各教科，道徳科，外国語活動及び総合的な学習の時間などにおいてもそれぞれの特質に応じて適切に行うよう努めること」。

この記述からは，授業における体育と，それ以外の学校の教育活動全体を通じて行われる体育に関わる内容があることがわかる。この後者の体育は，体力つくりにねらいが置かれた1968（昭和43）年の学習指導要領総則に入ったのであるが，その中味は行間体育といわれた体力つくりのみならず，運動会などの体育的行事，運動部活動などもこれにあたる。さらには，他の教科とのコラボレーションにもねらいがある。そのため，年間指導計画を立てるにあたっては，まずは学校の「体育・健康に関する指導」の方針を明らかにすること，そして，体育授業と体育的行事などを有機的に組み合わせ，体育科とその他の教科などとの連携を含めて計画を立てる必要がある。

なお1950年代の生活体育は，行事単元という形式が取られた。授業（単元）で学んだ内容をもとに球技大会を行ったり，運動会に生かしたりするという発想である。体育授業が全員参加を原則とすることを考えると，子どもたちが自主的に参加できるスポーツ活動を組織するという発想も考えることができる。

（2）時間の取り扱い

新学習指導要領では，体育科の時間は表4-1のとおりである。

表4-1　小学校の体育科の授業時間（時間）

1年生	2年生	3年生	4年生	5年生	6年生
102	105	105	105	90	90

出典：文部科学省（2017）59頁より。

1年間のうち長期休暇などを除くと35週（1年生は34週）である。105時間というのは，年35週あって週に3時間体育授業があるということになる。90時間というのは，35週で割り切れないので，学校の実情に応じて学期ごとの時間割を組んだり，週ごとの時間割を組んだりしながら対応している。2008年改訂学習指導要領からは，内容が増えたもののとりわけ高学年では90時間と時間数が増えなかったため，すべての領域を学年に入れ込むと窮屈になる。そのため，2008年改訂学習指導要領からは，「体つくり運動」のみを全学年で取り上げることになるが，それ以外の領域は低，中，高学年の2学年の間に取り上げればよいというように弾力化が図られた。そのため，一つの単元にかける時間を増やすこともできる。

2　年間指導計画の考え方

（1）教材配列表にストーリーをつくる

体育の授業は，1年生から6年生まで行われ，表2-1（第2章参照）のように「体つくり運動」から「保健」まで同じ領域の内容を繰り返して行うことになる。そのため，それぞれの学年の目標に重点をおくとともに，内容の重点が考えられなければならない。さらにいえば，卒業するまでにどんな力をつけたいのかを見通して，各学年の年間指導計画を作成する必要がある。このときに，4月から3月までの時間軸にどのような領域をどのように配列するのか，それぞれの領域ではどんな目標を立てるのかを，各学校の条件（規模，用具など）や，学習指導要領とその解説，これまでの教師集団の経験の蓄積，子どもたちの実態などから決めていくことになる。

表4-2は，ある教師が在籍した学校で体育主任として作成した年間指導計画の一部である（坂本，2002）。この表には，学年の目標としての「運動技術の

表4-2 ある小学校の年間指導計画（単元ごとのねらい）

領　域	器械運動		跳び箱運動	水　泳 水　泳	表　現 表現運動	陸　上 ハードル走	ゲーム フラッグフットボール	保　健 病気の予防
単元名	鉄棒運動							
テーマ	連続技を美しく		開脚跳び・横跳びし強大に表現しよう	平泳ぎやバタフライ、クロール発表をしよう	テーマを意識して表現しよう	ハードル走の記録を伸ばそう	ラン・パスの作戦を組み立ててタッチダウンしよう	病気の原因を知り子防に役立てよう
わかる力（知識理解）できる力（技能）	上がり技・回転技・振り技・下り技の技術がわかりさまざまな連続技を表現できる		身体が大きく伸びた支持跳び越しをするための技術がわかりできる	ドル平と4泳法との共通点がわかり2種類以上の泳法で50m泳ぐことができる	技の動きとテーマとの関係がわかって表現できる	ハードルのあるコースを速く走るため技術をわかって記録を伸ばすことができる	ランの作戦やパスの作戦を組み合わせて役割を分担して実行できる	病気の原因について理解する病気の予防方法について理解する
かかわる力（思考判断）	友達のできない（できる）原因が分析でき言葉で伝えられる適切に補助ができる発表会の基準に基づいて公平に評価できる		友達の呼吸と手脚の動きのタイミングがわかり言葉で伝えられる適切に補助できる	自分のわかる動きや技のコツを言葉で伝えることができる		チームについて役割を分かって実行できる友達の動きについて分析し伝え合えるゲームの審判などのスタッフができる	友達の意見と自分の意見を出し相違点・共通点がわかる	
核になる動きや技	コウモリ振り下り・膝掛け上がり・逆上がり・膝掛け後振り立ちで後転など		・横跳び越し・開脚跳び・開脚跳びとび	・ドル平→平泳ぎ・ドル平→バタフライ・ドル平→クロールキックのコントロール		40mハードル走3(4)歩のインターバルでリズミカルに走る	・前パス・手渡しパスを使った作戦・ラン・パスそれぞれの攻撃に応じたディフェンス	
留意点	・両手は跳び箱の先のほうに着手・膝を伸ばしてとぶことを意識・体の側面回転とび後方展させる場合着地の向きと反対			1、2、3パックのリズムを意識して泳ぐよう助言・体のローリングを使い肩に隣みつくように頭を上げて呼吸・全体を伸ばし水面に伏し浮きすることが基本	・互いの動きやこころのよいところを認めさせる・グループで目当ての解決ができるよう助言する	・踏み切りや着地の位置が安定したほうがよいことに気付かせる・リズムを崩さずに走ることの大切さに気付かせる	・子ども実態や要求に合わせてルールづくり	・児童の生活行動に合った予防の仕方について意見交流させる

出典：坂本（2002）52頁：森（2007）より。

分析」と「自主的な運営」が書かれ，各領域にそれぞれテーマが書かれ，具体的な「わかる，できる，かかわる」目標と核になる動きや技，さらに留意点まで書き込まれているところに特徴がある。

（2）年間指導計画の考え方

では，実際に4月からの年間指導計画をどのようにしたらよいのだろうか。高学年を例にとってみたい。

「年間プランの最初の単元は，子どもたちの関心・意欲を高めるもので，上達が見えやすい教材がよい。例えば，指導の系統性を示しやすい器械運動や水泳，記録の伸びが見えやすく，みんなで力を合わせるリレーなどの教材である。ここでは，同時に観察の方法，記録の取り方やまとめ方など学習の方法についても学んでいく」（学校体育研究同志会教育課程自主編成プロジェクト編，2003，66頁）。

最初は，人間関係がまだできていないため，内容が複雑でかつ技能の差のある子どもたちがチームとして学ぶボール運動のような単元よりも，成果が見えやすい種目を選択して，かつ学び方についてもあわせて学びたいものである。

「2学期には1学期に学習した内容と方法を使って，自分たちで計画・実践・総括していくことができる課題に取り組んでいく。少し大きな単元を組み，じっくりと考えさせたい」（同，66頁）。

「3学期には学年のまとめとしてボール運動などを，歴史学習やルール学習を含めて総合的な学びができるようにしたい」（同，66頁）。

この例は，内容の学習と同時に，子どもをよき学び手に育てること，さらに運動学習を通じて，その種目の歴史やルールなども学べるようにしているところに特徴があるといってよい。

表4-3は，中学校3年間のカリキュラムの例であるが，これもまた4月から3月までの配列とそこで学ばせたいことに加えて，1年生から3年生までのねらいが書かれている。これも，中学校3年間の出口のイメージが書かれていて，わかりやすいといえるだろう。さらにこの教育課程案は，授業に加えて，

表4-3　中学校3年間の教育課程
スポーツ分野の主体者形成に向けた教育課程（案）

	4月	5月	6月	7・8月	9月	10月	11月	12月	1～3月
1年	テーマ：「スポーツ文化への目覚め。仕組みを調べ，分かればみんなができる」									
	体力柔軟性	陸上・リレー・跳躍 仕組みを調べ，原理を理解すればだれもが記録が伸びる		水泳 基礎 水泳観の変革1	バレーボール みんなが楽しみながら上手になるには		器械運動 仕組みを調べ分かってみんなができる感動		バスケットボール コンビネーションプレーの基礎を学び，みんながシュートへ
	体育理論：スポーツの仕組みを学ぶ（ボール，ゴールの授業など） 保健：スポーツとけがの処置。心身の発達（運動とからだ，第二次性徴を含む）								
2年	テーマ：「スポーツのあり方を考え，集団の中で生きる」									
	体力筋力	集団マット 空間構成を考えた集団演技		水泳 発展 水泳観の変革2	バレーボール 競争のあり方とチームプレー		剣道 形から一本の美へ 相手の尊重		バスケットボール 空間の使い方と戦術，競争のあり方とチームプレー
	体育理論：スポーツのあり方を考える（勝敗・競争，五輪の歴史と精神など） 保健：健康と環境，応急処置								
3年	テーマ：「生涯スポーツへ向けて，計画・運営を自分たちの手で」									
	陸上・短距離走 追究の仕方を学ぶ 能力観の変革 スポーツの奥の深さを学ぶ		水泳 計画立案と個人追究 個人メドレーを中心に	バレーボール チームの計画による		体力持久力	表現 心の解放，踊る楽しさ		バスケットボール チームの計画による
	体育理論：みんなのスポーツ（スポーツ権・生涯スポーツ，スポーツ行財政など） 保健：運動と健康。疾病の予防								
	4月	5月	6月	7・8月	9月	10月	11月	12月	1～3月
生徒会	自由参加→　リレー大会　水球大会　　　　　　　　　　駅伝大会　バスケット選手権 　　　　　　　　　　　　　　　　　　　　　　　　　　　　　　　雪中サッカー大会 全員参加→　各種レク行事　　　　体育祭　　　バレー大会　　　バスケット大会								
部活動	1年生入部　　郡夏季大会　　2年生引継ぎ　　郡新人大会　　　冬日課・冬季練習 　　　　　　　　北信大会　　3年生引退　　北信新人大会 　　　　　　　　県大会　　　　　　　　3年生の運動不足，受験に向けてのストレス								

出典：小山（2002）より。

生徒会が組織する各種スポーツ大会や部活動など学校の体育的な行事も位置づいているところに特徴がある。

3 単元計画について

(1) 単元計画を立てる難しさ

　小学校の体育科には教科書がないため、体育で教える内容を構想するのは難しい。先のカリキュラム（表4-2）をつくった小学校教師の例をあげておきたい。

　その教師は体育主任として、6年生の担任として案を作成したものの、自分一人だけではなく、学年の教師たちが使えるものでないといけないことに思い至る。当初、同僚教師たちは「次に何の種目をやるのか」と聞いて来ることが多かったという。つまり、「各教材（単元）のねらいは何で、そのために何を重点的に教えるのか」まではいかず、表4-2が教材配列表としてしか機能しなかったことを意味する。そこで、勤務校の学校研究課題が「子ども同士の関わりでお互いを磨き合う」となっていたため、体育でも関わりを重視した研究を行う必要性があることを説いていく。

　また、同僚教師たちは、どうしても単元レベルを見通した視点をもてず、ある時間のある場面の子どもの姿にばかり目が向いてしまうという。そのため、授業もまた、行き当たりばったりになってしまっていた。

　そのため、ねらい（内容の習得、学び方や関わり）をどこに置いて、どんな教材を使って、どういう順序で指導するのかを構想し、学年で共有することになる。そして、ここに本書第3章に示したように、教育内容を教えるための中心となる教材のイメージの共有が必要になる。

(2) 児童観、教材観、指導観について

　単元計画を立てるときにまず問われるのは、教師のもつ「児童観、教材観、指導観」である。これらは一般に研究授業などで指導案を作成するときに、必

ず書くことになるのだが，本来は単元の構想において教師の願いや信念（吉崎，1997，39頁）として書かれるものである。

　このうちの児童観は，とくに体育に関わってこれまでの学習でみえてきた子どもたちの様子，気になる子どものこと，子どもたちがもつ能力観やスポーツ観などが書かれることになる。そして，教材観は教材（種目）のもつ特質や教材の解釈が語られることになるのだが，ただ単に子どもに出来合いの教材を与えて，できるようにするだけでなく，できれば児童観（子どもたちがもつ能力観，体育・スポーツ観など）が変わる契機になるものとして捉えたい。指導観は，児童観と教材観をつないで，どういう授業にしたいかを書くことになる。

　模擬授業では，子どものことがなかなかみえないし，教育実習ではある程度指導してもらう教諭の方針に従うことになるのだが，筆者はこの3つの観を書くことは本当に大事であり，かつ難しい仕事だと考えている。

　ここで，ある実践記録から読み取ることのできる，この3つの観のストーリーを紹介したい。「リレーのおもしろさを探る」という4年生の実践記録では，記録の最初に「私がリレー実践にいたった背景」が書かれている（川渕，2014，48〜51頁）。そこには，まず子どもたちの様子を分析して，「互いにけん制したり遠慮したりして気持ちをおしこめて関係を保とうとしてきた」「大きな技能差や経験差を前にして勝負の土俵に上がることへのあきらめを抱いている子が多い」と感じたと書かれている。これが児童観にあたるが，単に子どもの様子が書かれているのではなく，体育の学習とも絡めて書かれているところに注意を払いたい。

　　「そうした子どもたちを前にして，『がんばったらOK』ではなく，どの子もうまくなるんだ，そのための道筋や視点があるんだ，ということをまずは実感させたいと思った。そして子ども同士が本音でぶつかり合っていくことは子どもたちを成長させる大切なことであると気づくきっかけにしたいと感じた。そこで，体育では一番最初にリレーに取り組むことにした」（同，48頁）。

　ここに書かれていることは，主として指導観である。児童観にみられたネガ

ティブな側面を変えるためにリレーという教材を用いたというストーリーとなっている。教材観については，この部分には書かれていないが，本文から読み取ることはできる。リレーは一般に他のチームと競争するのだが，それだと子どもたちは勝ったか負けたかという結果に目を向けがちである。そうなると，本音の出せない子どもたちは，本気の勝負をしたがらない。この授業で用いられたリレーは，各チームのフラット走の合計タイムから算出された目標タイムを設定し，そのタイムを上回ることが目指されるように教材化されたものであった。競争の形式を順位のみならず，タイムの伸びへと焦点化している。そのため，タイムが縮まらない原因は，バトンパスの技能に求められることになり，子どもたちにもその自覚が生まれ，取り組みやすくなる。

（3）単元の流れについて

　単元はバスケットボールなど素材の名称で表されることが多いが，大切なのは10時間といった時間を伴っていることである。20時間の単元は10時間の単元と比べて時間が2倍あるというだけにとどまらず，教えたい内容，考えさせたい内容もその分多くなるのであり，より綿密な計画が必要になる。そうでなければ，ゲームをやらせておくだけの授業になってしまう。逆に，3時間しかとることができないとなれば，単に経験させるにとどまるだろう。つまり，単元の大きさが違えば，1時間目から同じ内容をやり始めて片方は早く終わり，もう片方はさらに続けるというものではないのである。単元の大きさに合わせて目標が決まり，それに合わせて教師の教える方法や内容，子どもに考えさせる内容などが決まるのである。

　また，単元は一般に「はじめ（導入）―なか（展開）―まとめ（整理）」という形をとる。「展開」がいわゆる内容の学習の中心になるのだが，それらも内容に応じていくつかに分かれるものである。たとえば，フラッグフットボールでは，「展開1」としてランプレーを，「展開2」としてパスプレーを行って，リーグ戦につなげるなど山場へと向かう。

　単元全体では，何をどのように教えるのかを構想することが非常に大切なの

であるが，子どもたちにとってより大切なのは，「導入」の時間である。いきなり試しのゲームをやるのもよいが，1時間目は教室でオリエンテーションの時間をとりたい。このオリエンテーションでは，単元のねらいの共有，用いる教材やゲームについての紹介，グループ分け，グループでの役割分担などが考えられる。しかしながら，より大切なのは，扱う種目に対する過去の経験やいい思い出，嫌な思い出を出させることである。嫌な思い出はみんなの前に出しにくい場合があるので，あらかじめ教師の側でアンケートのようなものを取っておいて，匿名で紹介するのである。こうして，「失敗して笑われた」「一部の人だけでゲームをしている」「私もシュートを決めたい」など子どもの声を教室で聴き合い，約束や合意を取り付けるとともに，「みんなが活躍できるためにどんなルールをつくるか」「みんながシュートを打つためには作戦が必要であること」を確認していくのである。そして，実際に運動学習が始まったら，ここでの約束，合意，確認が守られているのかをモニタリングし，必要であれば途中でも時間を取って，ねらいを再確認することになる。

　なお，「展開」の考え方は，本書第3章の教材づくりの考え方を参照されたい。展開の最後は，発表会，競技会，リーグ戦など学習の成果を発表できる山場を用意し，それを子どもたちが企画・運営・総括できるようにしたいものである。

4　授業計画の立て方

(1) 授業を構想する教師の力量について

　吉崎静夫（1997）は，教師の力量を，①授業についての信念（価値観），②授業についての知識，③授業についての技術の3つの側面に分けて捉えている（39～50頁）。

　①授業についての信念は，具体的には，指導観，教材観，児童観といったものであり，教師が授業に関してもっている「ねがい」である。これは，新人教師からベテランになるにつれて変化していくものであるし，人によっても違う

ものである。「みんながわかる授業」「みんなが楽しいと思える授業」「みんなが自己表現できる授業」など，人による違いが見出せるのである。

②授業についての知識は，教材や教科内容についての知識，教授方法についての知識（発見学習，プロジェクトメソッド，仮説実験授業など），そして子どもについての知識（発達段階，子どものつまずき）がある。

③授業についての技術は，授業設計の技術（指導案の作成，学習環境の整備など），授業実施の技術（効果的な発問，指示の出し方，板書の仕方，手のあげさせ方，授業の山場の設定など），授業評価の技術がある。

授業はこれらの信念・知識・技術によって成立するものであり，それぞれの違いによって姿を変えるものとなる。そのため，知識や技術を身に付けながら実践することで，信念そのものを変えていくという関係に置かれる。

（2）よい授業をどう考えるか

また，「よい授業」といった場合も，人によってそのイメージは異なるであろう。体育におけるよい授業を考える上で必ずといっていいほど引き合いに出される高田典衛による「子どもから見たよい体育授業」は，①精一杯運動させてくれた授業，②ワザや力を伸ばしてくれた授業，③友人と仲よく学習させてくれた授業，④何かを新しく発見させてくれた授業の4つであり，これをしばしば「高田四原則」という（高田，1972，26～27頁）。

しかしながら，先の吉崎の指摘にあるように，よい授業は，教師の信念に関わるのであり，人によって捉え方が異なるのである。たとえば出原泰明は，高田四原則は，子どもからみたよい授業であっても，「何を教えているのか」が問われていないと指摘する（出原，2004，187頁）。たとえば，跳び箱は腕支持の開脚跳びが課題となることが多く，跳べたら高くしていくことが多い。しかしながら，開脚跳びを量（高さ）的にではなく質（技）的に発展させることを考えると，切り返し系の技よりも，回転系の技（台上前転やネックスプリング跳びなど）の方がよいのではないかという議論にもなる。出原の指摘は，高田四原則ではこのような議論にならないという指摘である。

（3）目指すべき授業と指導案

このようにある授業は教師の信念によって，よい授業とも悪い授業とも診断される可能性をもつ。したがって，読者が考えるよい授業を目指せばよいとは思う。ところが，そうなると指導案を書くことも，様々な信念に従って書けばよくなることになり，書いた指導案を評価することが難しくなる。そのため，ここでは筆者の教育法で行う模擬授業の経験上，学生諸君がつまずきがちな点を中心に考えていきたい。その際に，①指導内容，②説明や指示，③子どもたちの関わりの3つの観点から考えてみたい。

① 指導内容に関わって

これも基本は，本書第3章の教材づくりを参照してほしい。授業そのものは，挨拶や準備運動から始まって，簡単な課題から複雑な課題へ，そして最後に本時の山場へ向かうように進む。しかしながら，教師の授業の構想は，逆から発想することになる（図4-1参照）。まずは，山場での活動を考える。そして，次にそれを典型的に含んだ指導内容と教材（学習場面）を考える。そしてそれをやるのに必要な，より簡単な課題を最初に位置づけるのである。授業の始めから構想すると，あれもこれもやらなくてはならないとなるので，それは避けたい。また，準備運動は，いちいち教師が指示を出さなくてもできるよう，単元の間は毎回同じようなものを準備しておきたいものである。

② 説明や指示に関わって——マネジメントの時間と回数を減らすこと

○集合・離散の約束事をつくること

高田四原則で示された観点に，「精一杯の運動」という点がある。これは，授業時間を有意義に活用するという意味であって，始めから終わりまでずっと運動をしていればいいというものではない。高橋健夫は，学習に従事していない時間や機会（マネジメント場面）をできるだけ省いて，運動学習の時間をつくり出すことの重要性を指摘している（高橋，1994，18～19頁）。学習に従事していない時間とは，集合・離散，自分の順番を待つ待機などがそれにあたる。子どもたち自身も授業の中では多くの時間を運動に費やしたいと考えている。しかしながら，たとえば集合と号令をかけても，ダラダラと歩いてやってくると

第4章　体育科の指導計画

図4-1　授業の流れと教師の構想の順序
出典：筆者作成。

か，「各班の場所に行って始めよう」と言っても，なかなか始められないことはよくある。そのためある先生は，これから行う運動の説明をした後，「30秒後に始めます」と宣言をして，タイマーでカウントダウンさせている。この場合，ブザーが鳴っても子どもたちが始められなかったとしても，子どもたちにどうすればいいのかを考えさせることができる。また，タンバリンを鳴らして注目させ，5回叩く間に集合などの集合離散の約束をあらかじめつくっておくとよいと思われる。これは一時間の約束事というよりも，単元の，あるいは年間を通しての約束事でもあるので，年度初めから徹底することがよいだろう。

○説明を書かせてみること

また，運動の時間が確保できない別の理由としては，教師の説明のつたなさに起因することがある。これには大きく2つの理由がある。一つは，学習場面の構成や教材配列とも関わってくるのだが，1時間の授業に多くの学習場面が用意され，そのつど，学習のねらい，やり方，ポイントなどを説明しないといけないという問題である。できるだけ同じような学習の場を利用して，前の場面よりも課題を少しだけ複雑にする（攻撃2と防御0で練習したら，次は攻撃2に防御1を入れる）などの工夫が必要になる。もう一つは，説明が長くなることと，その割には伝わっていないことがあげられる。そのため，ねらいやルールなどは模造紙に書いておくなど，ポイントは視覚情報として見せるなどの工夫が必要になる。さらに，筆者は学生にできるだけ説明も指導案上に表現させる

ようにしている。
〇指示は具体的にすること
　指示に関わってもう一つ大切なのは，何回やるのか，何分やるのかを示すことである。さらに，終わった後にどうするのか指示しておくことも大切である。「5分間たったら，班ごとに集合します」「全員が3回やったら，マットの上に座っておきます」などのように指示を明確にするのである。「班ごとに分かれてやりなさい」という指示だと，1回だけやって，別のことをしている場合がある。そのときに，「やりなさい」と言うと，「もうやった」と言われることになりかねない。
〇やる順番やローテーションも可視化すること
　またやる順番についても，約束をつくっておいた方がいい場合がある。たとえば，マット運動などをグループで行う場合，全員にビブスを着せて，番号順にやらせるなどの指示を出しておくことも有効である。そうでないと，やる子どもは何度もやるものの，隠れてやらない子どもが出てくることになりかねない。あるいは，ボール運動の場合も，同じ子どもがずっとボールを持って始めることもよくある。そのため，掃除当番の表のように，ローテーション表をつくっておくことも有効である。
③　子どもたち同士の関わりをつくること
　先に紹介した高田四原則でも，「友達と仲よく学習する」という項目が入っていた。これは「一人黙々と運動をする」だとか，「ボス的な子どもがグループを仕切る」とかではないということは容易に理解できる。しかしながら，現実にはチームでの競争が伴う場合，勝敗に関わって雰囲気が悪くなることがある。
　本書第1章にも書いたことであるが，体育授業というのは，好きな子も嫌いな子も，上手い子も苦手な子も全員が受けないといけないのである。もちろん，このことはすべての教科に当てはまる。繰り返しになるが，スポーツは本来その種目が好きな人が集まって，上手な人が選手としてゲームに出場すると考えるのが一般的である。そうなると，苦手な人が外に追いやられがちになる。したがって，そのようなスポーツの価値とは違う価値観が授業に持ち込まれなけ

表4-4　教える中味編チェックリスト

1	1時間で教えたい中味が明確になっているか。言葉で表されているか
2	教えたい内容のうち，考えさせたい内容が明確にあるか
3	学習場面は，教えたい内容を明確に学習できる場か
4	それがすべての練習内容に貫かれているか
5	練習は，簡単な内容から山場へ向かっているか
6	それぞれに盛り上がるような仕掛けがされているか

出典：筆者作成。

ればならない。たとえば，ゲームでは勝ち負けの記録をとるだけではなく，より多くの子どもがシュートを決めたチームにポイントを与える，立てた作戦の試行数や成功数を取っておいて，それにポイントを与えるなどである。

また，関わり方について，しばしば上手な子どもが苦手な子どもに教えてあげるという考え方をみることができる。もちろん，そのような関わり方も大切であるのだが，それであると，一方向の関わり方になる。より広い関係性を生み出すために，たとえば個人運動（器械運動，陸上運動，水泳など）では，ポイントに沿ってできているかどうかを見るという活動を導入する方法がある。これはやる人，見る人，記述する人など役割分担をもうけることでもある。また，ボール運動などでは，各グループに普段は一緒に練習を行うきょうだいグループを置いて，ゲーム中にスコアをつけたり，コーチ役を置くなどして，関わりをつくるという方法もある。

④　チェックリストをつくってみること

筆者は，模擬授業を行うときに，以上のようなことを表4-4のようなチェックリストにして学生に渡し，指導案の提出の際には，チェックリストも一緒に提出させるようにしている。チェックリストは，教える中味編，指示や説明編，高田四原則編，環境編に分けてあるが，ここでは教える中味編のみを載せておく。

なお，学習指導案の形成は，各大学や各小学校でそれぞれ違う。そのため，第7章以下に出てくる指導案もそれぞれ異なった書き方をしている。教育実習

などでは，各学校の指示に従って作成することが求められる。

引用文献
出原泰明（2004）『異質協同の学び』創文企画。
学校体育研究同志会教育課程自主編成プロジェクト編（2003）『教師と子どもが創る体育・健康教育の教育課程試案』1，創文企画。
川渕和美（2014）「リレーのおもしろさを探る」『たのしい体育・スポーツ』7．8月合併号，48〜51頁。
小山吉明（2002）長野県飯綱中学校校内資料。
坂本桂（2002）「小学校における教育課程づくり」『運動文化研究』Vol. 20，43〜53頁。
高田典衛（1972）『授業としての体育』明治図書。
高田典衛（1976）『体育授業入門』大修館書店。
髙橋健夫編著（1994）『体育の授業を創る』大修館書店。
森敏生編（2007）『体育科教育におけるカリキュラムマネジメントに関する研究』平成15〜17年度科学研究費補助金（基盤研究（B））研究成果報告書。
文部科学省（2017）「小学校学習指導要領解説総則編」。
吉崎静夫（1997）『デザイナーとしての教師　アクターとしての教師』金子書房。

学習の課題

(1) 学校の体育カリキュラムを作成するときに，教師が考慮に入れないといけないことをあげてみよう。
(2) オリエンテーションは何のために必要なのか考えてみよう。
(3) 高田四原則を説明してみよう。また，授業をつくるときにそれぞれの項目をどのように具体化していくかを説明してみよう。

【さらに学びたい人のための図書】
丸山真司（2015）『体育のカリキュラム開発方法論』創文企画。
　　⇨実践ベースの体育カリキュラムの開発に着目して，カリキュラム開発の主体としての教師たちの仕事にフォーカスを当て，分析・検討を行っている。
学校体育研究同志会教育課程自主編成プロジェクト編（2003）『教師と子どもが創る体育・健康教育の教育課程試案』1・2，創文企画。
　　⇨現場教師や体育研究者が集って，幼年期から高等学校まで，また障害児体育の教育課程の試案を示すとともに，その考え方が示されている。

（石田智巳）

第5章 体育科の指導法

この章で学ぶこと

本章では，体育科の指導のあり方について学ぶ。具体的には，体育科の指導法や指導スタイルの違い，学習過程の捉え方，1単位時間当たりの展開の仕方について理解を深める。また，体育科におけるICTの活用について，その考え方や具体的な進め方，課題について知る。

1　学習指導のねらい

(1) 学習指導とは

　学習指導に関して「唯一万能な方法はない」という指摘は，過去から現在まで繰り返されてきたものである。たとえば，多様な学習形態をとってもそこには教師の指導性の発揮が不可欠であるという認識が，示され続けてきたのである。しかし，こうした指摘と矛盾する事態は，現在でも起こっている。

　学習指導（論）とは，体育科における目標・内容・方法をそれぞれ明らかにし，これらを一貫したものとしてまとめ上げる理論体系を意味する。体育の授業（単元）づくりを行う場合，授業（単元）を通じて子どもたちに獲得させようとする技能や認識を到達目標として，また態度や集団的な関係を方向目標として具体化し，子どもたちに獲得させたいスポーツや運動に関する科学的・文化的な内容を明確化する。そして，教科内容を典型的に担い，子どもたちに最も学びやすいように選択・改変・開発された教材を用意し，子どもたちの能動的な学習活動を引き出しうる学習形態や指導スタイルを選択する。さらに，これらがバラバラに設定されることなく，全体として一貫するよう整合性を保って構成されることが「よい体育授業」の基礎的な条件となる。

しかしながら，これだけでは「よい体育授業」の条件としては不十分である。というのも，教師は学校や子ども，体育科で育てるべき学力と人格についての見方や考え方を，意識する・意識しないにかかわらずもっており，それが授業づくりや授業の評価に際して「ものさし」(パラダイム) として働いているからである。学習指導（論）とは，このパラダイムとパラダイムに基づく目標・内容・方法およびそれらの組み合わせのあり方を客観的に体系化したものである（黒川，2012）。

（2）学習指導に関する議論の歴史的経緯

　戦後の体育の学習指導をめぐる論議は，多種多様に展開されてきた。岡出（1997）は，これらの論議を整理し，次の4期に大別できると報告している。それらは，①1940年代以降のカリキュラム研究とグループ学習論の時代にみられた形態論レベルでの論議，②1960年代以降の構造的特性が問題とされた時代の技術的課題を核とした論議，③1970年代半ば以降の機能的特性論が問題にされた時代の心理的欲求を核とした論議，④新学力観が問題にされた，1980年代以降の学習指導の多次元性を意識した論議の4つである。彼は上記の経過の中で，学習指導の問題が構造論として論じられてこなかったことを問題点として指摘するとともに，学習指導の構造を多次元的に把握する必要性を説いている。その上で，多次元的な学習指導の全体構造論を展開しようとしたときの課題として，①学習指導の構造を規定する最小単位とは何かを説明する論理，②時間経過に伴う構造間の変容を説明する論理，③構造と機能の関係を説明する論理の3点をあげている。

（3）学習指導法の具体

　一般に学習指導法は，目標を基礎目標か高次目標かのどちらにおくかによって，系統学習と課題解決的学習に分かれる。さらに，系統学習でも論理系統と心理系統とアルゴリズム（知的系統）の3つに分かれる。しかし，体育科においては，アルゴリズムの系統は，心理系統，または論理系統に包括される場合

が多いため，論理系統と心理系統の2系統にまとめられる。たとえば，「走り幅跳び」の学習の場合，運動経過に伴って，助走―踏み切り―滞空動作―着地の各運動局面の順に学習を進めていくのが論理的系統学習であり，運動経過に逆行した局面（滞空動作・着地―踏み切り―助走）の順に学習を進めていくのが心理的系統学習である。低位な子どもにとっては，心理的系統学習の方が，論理的系統学習よりも学習効果が得られるといわれている。

一方，課題解決的学習の場合は，課題（めあて）の設定状況の違いから，教師が課題（めあて）を子どもたちに与えて自立解決を図る「課題解決型」，教師があらかじめ用意したいくつかの課題（めあて）を子どもたちに選択させて自立解決を図る「課題選択型」，課題（めあて）を子どもたち自らに形成させ，自立解決を図る「課題形成型」の3つがある。この点について，辻ほか（1997）の報告をもとにもう少し詳しくみていく。

1958（昭和33）年頃から基礎学力の低下が社会的問題となり，それまでの生活単元学習が批判されるに至り，教育一般の考え方が経験学習から系統学習へと移行していった。これによって，課題解決的学習の捉え方も大きく2つに分かれていく。一つは，系統学習の欠点を補うものとしての課題解決的学習であり，他方は系統学習に対立するものとしての課題解決的学習である。ともに子どもたちの主体的な学習行為の育成をねらう点，とりわけ体育科では運動技術を内面化する過程を重視する点では共通しているが，両者の決定的な違いは「問題の設定状況の違い」にある。すなわち，系統学習をサポートしようとする課題解決的学習は，「課題の解決過程」を重視することによって科学的・系統的な学習行為を成立させ，彼らに問いかける力を育成しようとする学習（「発見的学習」，または「課題解決型学習」）である。

これに対して，系統学習に対する立場の課題解決的学習は，問題状況を子どもたち自身に創り出させる，いわゆる「課題の形成過程」を重視することによって彼らの洞察学習を成立させ，教材の本質を見通す力を育てようとする学習（課題形成型学習）である。

もう一つは，「課題解決型学習」と「課題形成型学習」の双方を止揚する学

習法としての「課題選択型学習」である。この考え方による一般的な学習方法は，教師によってあらかじめ設定された，いくつかの学習課題の中から子どもたちが自分の能力や興味に合った課題を選択し，それを自力で解決していくやり方を採る。そのため，この学習法における教材である運動の取り出しは，「課題解決型学習（発見的学習）」の場合と同様に教師が直接行うが，その構成は「課題形成型学習」と同様に子どもたちに委ねるところに特徴をもつ。

2 基本的な学習過程の捉え方

（1）目標の捉え方

　学習形態の定義は明確に規定されていないが，少なくとも「目標」に向かって「教材編成」「教授活動」「学習集団」が複合的に絡み合って生まれる学習過程の特質と考えることが可能である（梅野・辻野，1982）。この定義に即して，「楽しさの発展」と「学習（内容・活動）の発展」を有機的に結合させる運動学習の学習過程を考える。

　まず，運動特性にいかに迫っていくかとする「目標」の捉え方について考えてみる。宇土（1987）は，体育科の学習過程には2つの特質が考えられるとし，「スパイラル型」と「ステージ型」を提示した。

　「スパイラル型」の学習過程は，単元という一定のまとまりの中で運動教材がもつ独自の面白さに触れる学習活動を組織すると同時に，毎授業の学習では「いま持っている力→工夫した力」へと螺旋的に学習を発展させていくものとしている。つまり，子どもたちの楽しさを満足させる運動の機能的特性（競争型，達成型，克服型，模倣・変身型など）を大切にしつつ，自分に合った内容の学習（学習の進め方や順序，さらにはそれらの行い方）を選択的に行わせることを重視する。

　これに対して，「ステージ型」の学習過程は，運動と子どもとの結びつきにみられる典型的なパターン，すなわち「受け入れ・反応段階→発展段階→飽和段階」という運動のライフサイクルを一つのまとまり（ステージ）として押さ

え，単元の流れの中で自己の学習するペースを保障しながら，各種の運動の特性（面白さ）に触れさせることを意図するものである。

（2）教材編成の考え方

　子どもの学習路線（学びの道筋）をいかにして編成していくかという「教材編成」についてみてみる。子どもの学習路線（学びの道筋）は，元来，子ども一人ひとりの認知スタイルが違うことから，いかなる運動教材においても「拡散（多面化）」する。したがって，教師は，設定した目標に子どもたちを到達させるため，課題（めあて）の系列を考え，単元構成として編み込んでいく。これを「教材編成」と呼び，体育科では子どもの学習路線の編み方として，次の2つのタイプが用いられている。

　一つは，小集団で異なる「拡散（多面化）」する課題（めあて）を「単元目標」に向かって集約化していくように編成する仕方である。もう一つは，「単元目標」に向かう路線を単純化させ，毎授業，一つの課題（めあて）を学級全体で解決していくように直線的に編成する仕方である。前者の編成は「拡散（多面化）→集約化」，後者の編成は「直線型」とそれぞれ称されている（梅野，2017）。

　たとえば，ボール運動の授業では，チームごとで勝つための作戦を立てるアプローチの仕方が異なることから，「拡散（多面化）→集約型」の編成法を用いる場合が一般的である。

（3）教授活動の考え方

　授業は，指導プログラム（教材編成）に基づいて展開される。このことは，指導プログラム（教材編成）が異なれば，それを具現化させる教師の働きかけ（教授活動）も異なることを意味する。これにより，指導プログラム（教材編成）に応じて教授活動を発揮しなければならない。

　梅野・辻野（1991）は，体育科における2つの課題解決的学習を提示している。一つは，系統的段階的な学習と対峙する「形成型学習」であり，もう一つ

は，系統的段階的な学習の欠点を補完する「発見型学習」である。そして，これらの学習法の違いを「山登り」論として提示している。すなわち，運動教材を一つの山と想定し，それを登れば続く新たな山に挑戦し，いつしか登頂が困難な高い山を自力で登ることができる人間へと育てていく，それが体育科の目標と押さえている。

　こうしたねらいに向けて，教師は自力で山を登った感動を子どもたちに味わわせてやりたいと思うものである。そこで，教師は子どもたちの最後尾に回り，主体的に登頂できるような体制を取る。このとき，頂上に向かう順路を「ケルン」で示していかないと，子どもを全員頂上にまで登らせることはできない。ここでいう「ケルン」は，教師が提示する「課題（めあて）」のことである。そして，子どもたちは頂上に向かう目印である「ケルン」に到達するたび，「やったあ！　できたあ！」とする達成感や満足感を感得するのである。これは，子どもの発見・達成の喜びを引き出す「発展的な教授活動」の展開ということになる。こうした一連の登頂過程（学習過程）が「発見型学習」の様相である。

　しかし，この登り方は，確かに「ケルン（課題）」を提示してもらわないと自力で登頂することはできない。つまり，この登り方では登山道は理解できても，山の実体がわからないのである。よって，きわめて高い山を自力で登頂することなど，永遠にできないということになる。

　これに対して，通常，登山道というものは一つではない。いろいろな所から登っても，頂上は一つなのだから，やがてどこかで仲間と出会う（同じステージに立つ）ことができる。そのような場所で，「この山は，こんな山だった」と語り合えば，きっと「じゃあ，次はあの山を登ってみよう」ということになり，そのうち「山になぜ登るのか？」と問われたら，「そこに山があるから登るのだ」（愛好的態度の育成）ということになって，自力で高い山を登頂できる人間へと成長する可能性がでてくる。これが「形成型学習」の様相である。

　反面，山にはいろいろと危険な場所がたくさんある。わき道に逸れると，きれいな花が群生していたり，美しい滝があったりして，もう登ることを忘れて

しまうような所（欲求充足による満足），同じ道をグルグルと回り歩いてしまう所（学習の這い回り），落石にあたってけがをする危険性のある所（学習のつまずき）などがある。

「形成型学習」では，いつも子どもの傍らにいて一緒に登ることができないので，教師は「発見型学習」よりも山についてよく知っておくこと（教材研究）が必要となる。同時に，双眼鏡と子どもの数のチャンネルがあるトランシーバー（子どもの動きを診断する眼と指導的な評価の言葉）を用意しておかないと，授業をうまく進めることはできない。いわゆる，子どもの思考・認識の探りを中心とする「探求的な教授活動」を中心に，最終的な子どもの発見・達成の喜びを引き出す「発見的な教授活動」の展開も付加され，「単元目標」に向かうように課題（めあて）を集約化させるのである。

（4）学習集団の捉え方

最後に，子どもたちの学び合う集団（学習集団）について考えてみる。

学習集団の形態は，「一斉的」「小集団的」「個別」という3つの種類がある。「一斉的な学習集団」は，学級全体で一つの課題（めあて）を解決させる場合に用いる。こうした授業を重視した教材編成が「系統的・段階的学習」で，この手のやり方は，子どもの学習路線が直線的になる運動教材に適している。

「小集団的な学習集団」による体育授業は，通例，「グループ学習」と呼ばれている形態である。この方法による授業では，基本的には課題（めあて）は各グループで異なるので，学習路線は「拡散（多面化）」を辿ることになる。したがって，この手のやり方は，系統的・段階的に教え込みにくい運動教材（ボール運動）に適している。小集団的学習に似た形態として，「班別学習」というものがあるが，これはどの班も同じ課題（めあて）による同じ練習形態を踏んでいくので，一斉的学習集団のカテゴリーに属し，小集団的学習とは区別されている。

「個別学習」は，文字どおり，一人の子どもに運動学習を指導するときに用いる方法で，課題（めあて）の理解できない子どもや学習につまずいている子

表5-1 体育学習の形態とその特質

目標 (運動特性への迫り方)	教材編成 (学習路線)	教授活動 (教え方)	学習集団 (集団の形態)
ステージ型	拡散(多面化) →集約型	形成型 (探求的・発見的教授活動)	小集団的学習
スパイラル型	直線型	発見型 (発見的教授活動)	一斉的学習 個別化学習

出典：梅野・辻野（1991）より。

どもなどを個別に指導する場合に用いられる。

　以上，学習過程を構成している「目標」「教材編成」「教授活動」「学習集団」の内実について解説してきた。表5-1は，これらを整理し，体育学習の形態とその特質としてまとめたものである（梅野・辻野，1991）。

　表5-1を下敷きに，各運動領域の学習過程を考えると，陸上運動や器械運動は，「閉鎖型スキル」に属するので，学習路線は「直線型」の様相を示す。一方，ボール運動は，「開放型スキル」に属するので，学習路線は「拡散（多面化）」の様相を示す。それゆえ，前者は「スパイラル型」の学習形態が，後者は「ステージ型」の学習形態が，それぞれ基本的な学習過程となる。

3　学習指導の展開

（1）多様な学習指導のスタイル

　学習指導とは，教えたい事柄が成功裡に学習されていくように方向づける「目的志向活動」であるといわれる。このことは，学習指導が教師の意思決定の産物であること，さらには直接的指導と間接的指導の間にも様々な意思決定の仕方が存在しうることを示唆している。

　鈴木（2002）は，上記のことにいち早く目を向けたのはモストンであることを押さえた上で，彼の提起した「連続体モデル」を紹介している。モストンは，体育の学習目標を，教科内容に関する目標と行動目標に分別し，これらを達成するための手段として，教授スタイルという考え方を示している。ここでいう

第5章　体育科の指導法

表5-2　モストンが示した各スタイルの概要

A（命令型）	学習者は，教師の指示に従いながら，課題を短時間で正確にこなしていく。
B（個人練習型）	学習者は運動課題を個人練習し，教師は学習者に個人的フィードバックを与える。
C（ペア学習型）	学習者がペアになり，課題のできばえを互いに観察・評価し合う。
D（自己チェック型）	学習者自身が課題のできばえを観察・評価する。
E（課題選択型）	課題の難易度についても学習者に選択が任される。
F（誘導発見型）	学習者は，教師による一連の発問に答えながら，予め到達目標として設定された（学習者には知らされていない）概念に接近していく。
G（収斂的発見型）	教師は，到達目標となる概念を予め設定するが，それは学習者には知らされない。また，解決までの道筋も設定されない。学習者は，論理的・批判的思考を通して結論へと到達する。
H（拡散的発見型）	教師が，運動種目とその中で特にテーマとするワザや作戦，さらにそれに関わる問題を予め設定しておく。しかし，単一の正解があるのではなく，学習者による多様な解答のすべてが尊重される。また，解答の妥当性についても学習者が自らの手で検証する。
I（個人課題設定型）	教師は，運動種目とその中のワザや作戦のテーマを設定するのみで，詳細な問題設定はしない。学習者はそのテーマに関する具体的な問題設定から解決に至るすべてのプロセスをデザインし，実行する。また，解答の妥当性および問題解決に至るプロセスの妥当性についても，学習者が検証する。
J（学習者主導型）	学習者が，教師と合意した基準に照らして，教師とともに自ら学習を始め，その計画を作成し，実施し，評価する。
K（自己教授型）	学習に関するすべての意思決定が学習者に委ねられ，教師はその決定に一切関与しない。

出典：鈴木（2002）より。

　教授スタイルとは，授業中になされる意思決定のパターンを指している。さらに，個々のスタイルを関連づけるフレームワークを，教授スタイルの連続体と呼んでいる。表5-2は，各スタイルの概要を示したものである。
　各スタイルは，学習者の認識領域，情意領域，社会的領域，身体的領域およびモラルの領域に対して異なる学習成果をもたらすと考えられている。それゆえ，どのスタイルが最善のものであるかという問題ではなく，設定された目標達成に対してどのスタイルが適切であるのかが問われることになるという。
　ところで，従来わが国の学習指導論は，通常，1授業時間を単位として論を展開してきた。これに対して，モストンの教授スタイル論では，授業を個々の場面ごとに捉え，これを意思決定の単位（エピソードと呼ばれる）としてスタイ

ルを構想している点が特徴的である。そのため，1授業時間に複数の教授スタイルが組み合わされて適用されるのである（鈴木，2002）。

（2）学習段階での指導

単元および1授業時間学習過程は，一般に，はじめ（導入）―なか（展開）―まとめ（整理）の大きく3つの学習段階で示される。はじめ―なか―まとめの学習段階を通して，学習者の思考や意欲の流れが途絶えないように学習過程を展開させることが重要である。

まず，はじめ（導入）の段階では，学習に動機づけるとともに，学習ができるように準備することがねらいである。単元の導入においては，オリエンテーションが位置づき，そこでは単元の目標や具体的な学習課題や，学習の進め方（目標の立て方，学習課題の選択の仕方，学習評価の行い方，記録や分析の仕方，資料の活用の仕方），さらには学習の規律を保つための「約束事」を理解させることが課題となる。また，学習者の学習経験や技能テストなどの調査（診断的評価）を実施して，それらに基づいてグルーピングやグループ内の役割・目標の設定がなされている。授業時間の導入においては，加えて，運動の準備・場づくりや健康チェック，学習目標の提示，手続きの明示（時間配分，用具・活動場所の割当）が行われる。これらの手続きに際しては，子どもの興味や関心を引き起こし，意欲的な学習が保障されるように，適切な教授戦略が発揮されなければならない。

次に，なか（展開）の段階は，具体的な学習活動が展開される段階である。この段階の教師中心的な役割は，個人やグループが夢中になって学習に取り組み，学習の成果が上がるように指導・助言を与えることである。学習内容がはっきりと設定された系統的な学習であれば，教師は直接的な指導が可能になる。一方，個人やグループによる課題選択を認める学習過程では，教師は，適切な課題が選択できているかを観察し，より間接的に指導することになる。

展開の段階での評価活動は，「形成的評価」と呼ばれ，学習者の習熟度や到達度をチェックし，その後の学習や指導の方向づけを決定する上で重要である。

学習内容に応じたテストや学習ノートの記述を利用する。形成的評価に際しては，教師の評価だけでなく，生徒の自己評価や生徒の相互評価，観察者の評価が併用されるべきである。

最後に，まとめ（整理）の段階では，学習の総括的なまとめを行い，単元や授業での目標がどれだけ達成されたかを評価し反省する。単元の終わりであれば，初めの診断的評価との関連で，目標の実現度を多面的に評価（総括的評価）する必要がある。加えて，学習への取組み方や，学習の進め方の理解度，さらには単元全体での満足度を評価することになる。単元，授業のどちらのまとめであっても，次の単元や授業における学習の意欲が持続できるような配慮が必要である。具体的には，①わずかな進歩でも認めて自信をもたせ，充足感を与える，②学習の連続性を意識させ，次の学習への期待を形成する，③学習した成果が他の活動や他者に応用できることを気づかせ，価値づけるなどが考えられる（長谷川，2002）。

（3）体育における ICT 活用

① 体育における ICT 活用の意味

2011年，文部科学省により「教育の情報化ビジョン」が公表され，情報通信技術（ICT：Information and Communication Technology）を活用した学校教育のあり方が提言された。その中で，子どもたちの情報活用能力を高めるための「情報教育」や教職員の情報共有・校務負担の軽減を図る「校務の情報化」とともに，「教科指導における情報通信技術の活用」が掲げられた。本項では，体育科における ICT の活用について考える。

② 運動学習における ICT の活用

表5-3は，賀川（2012）が示した運動学習における ICT の利用方法について分類したものである。

これにより，一口に ICT 活用といっても様々な方法が存在することがわかる。そして，使用対象者が誰なのかということによって，その目的・内容や情報の種類，使用形態・機器等にも違いが出てくる。

表 5-3 体育（運動学習場面）における ICT の利用法の分類

対　象	目　的	内　容	情報の種類	使用形態	機　器
学習者 ・小学生 ・中学生 ・高校生 教　師 保護者	学習課題の提示 学習状況のフィードバック 学習成果の記録 （ポートフォリオ）	歴　史 ルール 用　具 技術的ポイント 練習方法 調査・測定結果 運動パフォーマンス （個人・集団） 学習指導計画 成　績 感　想	文　字 数　表 図・絵 グラフ 音　声 動　画	スタンドアローン （単体）使用 ネットワーク使用 （有線・無線）	パソコン デジカメ 携帯電話 タブレット端末 電子黒板 プロジェクタ 大型ディスプレイ 実物投影機

出典：賀川（2012）より。

　たとえば，学習者の場合には，ICT は学習活動の一環として利用されることが多いが，それでも，発達段階によって使用方法に大きな違いが生じてくる。低学年の場合だと，その使用目的は学習課題の提示がメインになり，情報の種類も図や絵，あるいは音声や動画が多くなる。これに対して，高学年以上になると，それらに文字や数表，グラフなどを織り込むことが可能になる。そして，その使用目的も学習課題を提示するだけでなく，各自の学習状況をフィードバックすることによって自分の課題解決に役立てたり，さらには学習過程を記録することによって次の学習に生かしたりすることが加わってくる。

　体育における学習課題の提示方法としてよく使われるものに動画クリップがある。これは，学習対象である運動種目の各技能に関してモデルとなる動きを「正しい動き」として動画で提示し，子どもたちがこれから学習する運動のイメージ形成に役立てようとするものである。

　したがって，単に「正しい動き」だけを提示するのではなく，その動きをうまく遂行するために必要な「技術的ポイント」や「練習方法」等もあわせて提示すると効果的である。さらには，動画遅延再生装置（ソフト）やデジタルカメラ，タブレット端末等を利用して学習者の行動を即時に再生提示することにより，モデルと自分の動きの違いを分析・把握することが容易になる。

その他，学習者の発達段階によっては，スポーツの歴史やルール，競技場や用具に関する情報提示も学習意欲を高めたり，より深い運動理解を促進したりする上で効果的である。また，これらの情報に関しては，子ども自らがインターネット上のサイトにアクセスし，必要なものを取捨選択して使用する，いわゆる「調べ学習」にも利用できる。さらには，自分の調べた事柄を資料として整えて発表し，これらをもとに意見交換をネット上で行う「双方向型」の利用も，子どもたちの認識を深めたり，コミュニケーション能力を高めたりすることに役立つ。

教師の場合，学習指導の準備と評価のために使用することが多いが，学習者の思考過程を把握するため，事前に学習者と同じものを使用してみることが求められる。保護者の場合には，自分の子どもの学習状況を知る上で有効な手段になるとともに，場合によっては家庭においてわが子の学習指導に利用することもできる。

このように，運動学習におけるICTの利用によって様々な効果が期待されるが，それはICTのもつ情報提示の即時性・迅速性，情報源や情報媒体の多様性に基づくものである。したがって，これらの特性を踏まえ，使用対象者と目的に合致した形で内容や機器が利用されたときに初めて，ICTの有効な活用が実現することになる（賀川, 2012）。

③ 保健学習におけるICTの活用

上述した「教育の情報化ビジョン」では，学力の3要素に対応した授業像の例が示されている。具体的には，「1. 基礎的・基本的な知識・技能の習得」において，「観察・実験などの体験的な学習に加えて，簡潔で分かりやすい音声・画像・動画等を合わせて活用し，理解を進めること」とし，中学校保健体育の「傷害の防止」の中で，「胸骨圧迫による冠動脈血流等の動画と心肺蘇生法の実習を組み合わせて指導することにより，応急手当の意義と手順についての理解を深める」ことが示されている。

小学校においても「病気の予防」の中で，電子黒板と視聴覚教材を活用し，心臓や脳の血管がかたくなったり，詰まったりする状態や感染症の予防で扱う

病原体など，目に見えない内容を映像でわかりやすく説明したりすることが可能になる。

このように，保健の目標を達成するという観点からICTを活用すること，すなわち，授業をよりよくするためにICTを適切に活用することが大切である。

一方で，保健においては，新中学校学習指導要領の「内容の取り扱い」に「コンピュータなどの情報機器の使用と健康のかかわりについて取り扱うことも配慮するものとする」ことが示されている。「教育の情報化」が推進されると，子どもたちが情報機器を使用する時間は，いまよりも長くなることが考えられる。このような中，情報機器の使用による疲労の現れ方や休憩の取り方をはじめ，長時間の使用による健康への影響などについて学習することは，きわめて重要である。

情報化が保健の内容に与える影響を踏まえたり，情報化が進んだ際の健康との関わりに配慮したりするなど，保健の内容からの視点を忘れないようにしたい（森，2012）。

引用文献

宇土正彦（1987）『体育の学習——教師用指導書』光文書院。
梅野圭史・辻野昭（1982）「体育科における学習形態と児童の授業に対する態度との関係——小学校低学年を中心として」『体育学研究』第27巻1号，1〜15頁。
梅野圭史・辻野昭（1991）「楽しさの発展と学習（内容・活動）の発展を統一させる学習過程を求めて　課題解決学習(1)」『体育科教育』第39巻4号，54〜57頁。
梅野圭史（2017）『小学校ボールゲームの授業づくり——実践理論の生成と展開』創文企画。
岡出美則（1997）「学習指導の構造」竹田清彦ほか編『体育科教育学の探究』大修館書店，256〜270頁。
賀川昌明（2012）「体育におけるICT活用とその課題」『体育科教育』第60巻5号，10〜13頁。
黒川哲也（2012）「いまさら聞けない体育の常識Q＆A」『体育科教育』第60巻9号，24〜25頁。
鈴木理（2002）「体育科の学習指導論」高橋健夫ほか編『体育科教育学入門』大修館書店，81〜88頁。

辻延浩・林修・梅野圭史（1997）「3つの異なる課題解決的学習が児童の態度と技能に及ぼす影響——小学校体育科の『閉鎖型スキル』教材を対象として」『日本教科教育学会誌』第20巻3号，43〜53頁。
長谷川悦示（2002）「体育科の学習過程論」高橋健夫ほか編『体育科教育学入門』大修館書店，98〜108頁。
森良一（2012）「保健におけるICT活用とその課題」『体育科教育』第60巻5号，14〜17頁。

> **学習の課題**
> (1) 系統的学習と課題解決的学習について，その違いについてまとめてみよう。
> (2) 1単位授業における「はじめ―なか―まとめ」の各段階での留意事項について述べてみよう。
> (3) 体育授業におけるICTの活用例についてまとめよう。また，課題について述べてみよう。

【さらに学びたい人のための図書】

山口孝治（2017）『「学習成果の高い授業」に求められる戦略的思考』ミネルヴァ書房。
　　⇨学習成果を高めた教師は，どのような実践的思考様式を働かせ，学習指導を展開しているのかについて紹介・解説されている。
賀川昌明ほか（2012）『体育科教育』第60巻5号，大修館書店。
　　⇨体育科におけるICTの活用について「ICT活用とこれからの体育授業」をテーマに特集が組まれ，授業づくりの視点からの考え方や課題と具体的な実践例が報告されている。

（山口孝治）

第6章 体育科の評価

この章で学ぶこと

この章では，体育科の評価について学ぶ。評価の意義やねらいを知り，体育科における評価の問題を確認するとともに，体育科においては，何を，どのような観点で，どのように評価を行うのか，また，その際に留意すべき事項は何かについて理解を深める。さらに，運動学習における具体的な評価道具やその活用について学ぶ。

1 評価とは何か

（1）評価の意義

現在における評価の考え方が主流となった契機は，2000年代初期の頃までさかのぼる。それまでの評価のあり方を反省し，目標に準拠した評価，指導と評価の一体化，評価規準といった考え方が取り上げられるようになったのである。

評価とは，学習指導によって得られた結果が，指導の目標に到達しているかどうかをみることである。このことは，学習によって生じた変化を目標に照らして判定し，その後の学習指導をどのようにしたらよいかを考える一連の過程でもある。すなわち，指導と評価においては，その一体化が求められており，評価をする過程において学習や指導の改善と再度評価することが行われなければならない（今関，2009）。

子どもたちの学習状況を評価し指導の改善に努めることは，教育効果を高める上で不可欠である。子どもたちが基礎的・基本的な知識・技能を習得し，それらを活用して課題を解決するために必要な思考力・判断力・表現力等を育み，学習意欲を高めるとともに，個性を生かす教育の充実に努めることが求められ

ている。

（2）評価のねらい

今関（2009）は，評価のねらいについて，①子どもたちが目標に到達したかどうかを知って指導の成否を確認し，次の指導に役立てる，②指導計画，指導方法などの改善に役立てる，③子どもたちの自己理解や自己評価に役立てる，④指導要録や成績通知票などに記載すること等の必要を満たすことをあげている。

この中で，①と②は教師からみた評価の機能である。展開の途中や単元などのまとまりにおいて，次の学習活動を定めるための方向性を得るために行われる。これにより，次の指導の改善に役立てる。学習のねらい，内容，活動などは適切であったか，学習の場や資料は有効に活用できたか，子どもたちが運動の特性に触れ，基礎的・基本的な知識・技能を習得することができ，思考・判断・表現する学習活動となったか，学習意欲が高まる展開となったか等について評価する。

③は子どもたちからみた評価の機能である。学習活動は，自発的・自主的に進めることが肝要であるが，このような活動は子どもたちが学習のねらいの達成，学習の仕方，学習の成果などについて自分の状況を把握しながら進めていくことにより可能である。そこでは，子どもたちが自己理解を深めるとともに，学習の成果を自分自身で評価していくことにより，学習の効果を高めることができるようにする。

④は手段としての評価の機能である。しかし，評価の第一義的なねらいとして，子どもたちをよりよく伸ばすために行うということを重視しておくことが大切である。評価は，指導要録や通知票の記載のためにのみ行うものではないことは十分に理解しておかなければならない。

このように，評価の機能は，立場の違いによって変わり，多面的なものであることがわかる。なお，今関は評価を行うにあたっては，学習活動全般を通じて診断的評価，形成的評価，総括的評価の３つが適切に展開されなければなら

ない点も指摘している。
① 診断的評価
　学習指導前に子どもたちの能力や特性，既習の学習内容の定着状況などを明らかにするために実施する評価のことを指す。これをもとに指導計画の立案や指導の展開を行う。
② 形成的評価
　学習指導の過程で，子どもたちの学習内容の習得状況等を明らかにするために実施する評価のことを指す。これを元に次の指導の改善を行い，再度評価することにつなげる。近年では，こうした形成的評価としてポートフォリオの活用が認められる。
③ 総括的評価
　単元終了後，学期末，学年末等に子どもたちがどの程度の学習成果を上げたかを明らかにするために実施する評価のことを指す。これは，指導要録や通知票などの基礎資料となる。
④ 通知表
　通知表（票）は成績表，通信簿などとも呼ばれ，学校から家庭に対し，学期末ごとに通知する文書のことを指す。学習者の教科ごとの成績や出席状況などが記録されている。1969年にそれまでの通知表における5段階相対評価に対する批判から始まった通信簿論争を契機に，通知表などには法的規制のないことが公に認められた。これ以後，各家庭へ学校生活の実情を連絡することを目的とし，各学校に委ね，それぞれの学校で表現形式や内容に工夫が凝らされている。
⑤ ポートフォリオ
　ポートフォリオは，パフォーマンス評価の一つで，断片的な知識獲得を中心課題とせず，それらの知識獲得の過程を対象とする評価である。ポートフォリオは，"書類挟みに閉じたもの"と訳されることからも類推できるように，学習過程の評価を行うために詳細な学習記録を残すことで，一定期間内の学習者の学習を評価するために用いることができる。そのときの評価は，学習者や教

師に学習と指導の再考を促す形成的評価となる。

（3）体育科における評価をめぐる問題

では，実際の学校教育現場において，体育科の評価にどのような問題があるのだろうか。この点について高田（2010）が示す具体例をもとに述べる。

たとえば，水泳の授業で50mを平泳ぎで泳ぐために必要な技能や知識を獲得する目標や内容が設定された実践が行われていたとする。そこでは，本来であれば，目標を達成するために，設定された学習内容による指導を経て，各学習者の学習成果が測られて然るべきである。

しかし，実際には泳力に応じた能力別の指導が行われていたとすればどうだろうか。スイミングスクールに通う泳力の高い学習者にとっては，設定された目標や内容は既習のものとなっているかもしれない。そうであるならば，彼らが授業で獲得すべき技能の学習内容はどこにあるのだろうか。たとえ彼らのためにより高い学習内容が設定されていたとしても，そこで行われる評価はスイミングスクールという他の指導や学習での成果を獲得している学習者の評価が高いものになってしまう。

このような評価がなされている授業では，泳力の低い学習者がその後の学習意欲を保つことはおそらく期待できない。むろんサッカーや野球であっても同じことである。

したがって，体育や運動が苦手な学習者にとっては「どうせ努力をしても……」という気持ちになることが少なくない。本当は次の学習の意欲を高めるための学習評価であるべきものが，「できないとダメなのか」と体育に対する嫌悪感をもたらす評価となっている恐れがある。すなわち，「技能」のみに焦点を当て，その結果のみを評価する現状がある。スキルテストで"できる―できない"と二項対立的に評価し，それが通知票などの評定に直結していることが少なくないのである。

上記の高田の指摘は，体育科の評価は指導や学習の過程よりも結果に主眼を置き，またその過程で獲得された技能なのかどうかも区別されることなく評価

されているという提起である。このような問題を踏まえ，学習評価とは何か，何のために行われるものなのかを常に考え，教師と子ども双方にとって意味のある評価であることが求められる。

2　体育科における評価の具体

（1）体育科における評価の意義と評価の観点

　前節でも述べたように，学習評価は体育の目標や内容に基づいた指導によって学習した子どもたちが，どのような成果を得ることができたのかを把握するために行われるものである。

　この点について，宇土（1981）は「授業として行われる体育の学習指導をめぐって，担当の教師が，学習の成績や学習指導のよしあしを確かめ，必要に応じて一層望ましい方向に改善するために有益な情報（学習成績の良否についていろいろの角度から価値判断を行い，意味のあるようにまとめられた資料）を得る営み」と述べている。

　これより，評価の役割ないし目的は，単に成績の善し悪しを判断するだけでなく，教師が自らの子どもに対する指導の的確さを測り，それを指導の改善に役立てるところにあることがわかる。しかしながら，教師の考えがこのことに至らない現実も多く，上述した高田の指摘に認められるような問題が生じているのである。

　上記のような問題が起こらないためには，まずはどのような観点から評価を行えばよいのかをしっかりと理解する必要がある。体育科においては（体育科に限らず他教科でも同様であるが），教科の学習目標に基づいて，「知識・技能」「思考力・判断力・表現力等」「学びに向かう態度・人間性等」の3つの観点に照らして行われる。

（2）各観点の評価

　前項で述べた3つの観点に基づき，「目標に準拠した評価」を実施する必要

がある。これは、「絶対評価」とも呼ばれ、それまでの「相対評価」に代わり、現在主流となっている評価法である。「目標に準拠した評価」を実施する場合、形式的な目標では意味がない。すなわち、上記3つの観点に相応する具体的な達成目標を作成する必要がある。

一般に、学習成果を全体的な観点から価値判断する場合は「総合評価」と呼ばれ、複数の観点から価値判断する場合は「観点別評価」と呼ばれている。総合評価は全体として大まかに理解しやすい反面、"できた―できない"などの二項対立的に解釈されがちである。これに対して、観点別評価は成果を多面的に解釈することにより、具体的なフィードバック情報を得やすいという特徴がある。

観点別評価では、各観点で何を評価するのかという評価項目（評価規準）を定める。しかし、観点の設定方法が不適切であったり観点の数が多かったりすると、評価の表現が複雑になり解釈が困難になる場合がある。

あわせて、近年では個人内評価について理解や実践が進められるようになってきている。

① 相対評価

集団準拠評価や相対的解釈法とも呼ばれている。相対評価では、ある集団における相対的な位置づけから評価される。つまり、あるクラスで5段階の相対評価を行おうとするとき、必ず「1」や「2」になる子どもたちが存在することになる。また、たとえ「5」や「4」を取ったとしても、集団の上位に位置することを意味するだけであり、学習内容が確実に身に付いたかどうかは判断できない。こうした相対評価に対して、「何のための、誰のための評価なのか」「授業の改善に活かされていないのではないか」といった疑問や批判が示されてきた。

② 絶対評価

「目標に準拠した評価」と呼ばれている。相対評価を克服するものとして提案され、学習指導要領に示す基礎的・基本的な内容の確実な習得を図るため、学習指導要領に示す目標に照らして子どもたちの実現状況を適切に評価する方

法として意義が認められている。
③　評価規準と評価基準

　評価規準とは、「何を身に付けさせるのか」「何を評価するのか」といった、学習の達成状況を評価するための達成目標のことである。「知識・技能」「思考力・判断力・表現力等」「学びに向かう態度、人間性等」といった観点ごとに評価規準が設定される。

　これに対して、評価基準は達成目標に対してどの程度達成できたのかを判断するためのよりどころとなる。たとえば、マット運動において「開脚後転ができるようになる」を評価規準として設定したとすれば、「開脚後転ができない」「坂を利用して開脚後転ができる」「坂を利用しないで開脚後転ができる」が評価基準になる。

④　個人内評価

　いわゆる個人の伸び率を評価するものである。学習前の状況と学習後の状況を比べて、その差の大きさで評価するものがある。また、子どもたちごとにその良さや可能性、進歩の状況を文章記述で評価するものがある。

（3）評価の進め方

　では、3つの観点をどのような方法により評価していけばよいか。ここでは、その具体について考える。

　まず、「知識・技能」についてである。これまで、運動学習においては技能を、保健学習においては知識を、それぞれ重要視してきた。しかしながら、運動学習においても技能を獲得するためには知識が、保健学習においても知識をよりよく実践するためには技能が、それぞれ必要になってくる。つまり、運動学習と保健学習ともに、身に付けさせたい知識や技能を明確にし、それについての評価を行うべきである。

　運動学習において技能面の評価には留意すべき点がある。すなわち、子どもたちがもともと有していた運動能力のみを評価していないかということである。たとえば、単元終了時のパフォーマンスのみに焦点化すれば、学習成果の評価

ではなく，その子の有する身体資源を評価したに過ぎないという問題が生じてくる。こうした問題を解決する一つの方策として，子どもが学習を通して身に付けた技能を客観的に測ることができる評価道具の工夫が求められる。この点については，後述する評価道具の工夫を参照されたい。

次に，「思考力・判断力・表現力等」についてである。「思考力・判断力・表現力等」と「知識・技能」は緊密な関係にあり，その評価規準には「わかる」「知る」などの「知識」の内容が含まれている。なぜなら運動学習では，技術や戦術，ルールに関わった知識が理解できて初めて，思考・判断が可能になるからである。

たとえば，台上前転を学習する場合，学習者にその運動のイメージがなければ適切な運動は期待できないし，運動構造に基づく運動の技術ポイントが知識として理解されていなければ，運動（技）の獲得は難しい。このようなイメージや技術的認識が備わって，初めて技能獲得のための問題解決の方法を選択したり，工夫したりすることができるのである。

このように考えると，「思考力・判断力・表現力等」の評価を適切に行うためには，学習に「知識・技能」の定着を促進する学習資料が準備されている必要がある。さらに，技術の理解度や問題点の分析，問題を解決する方法などの視点を記述させるワークシート等も必要になる。また，ワークシートと同様にこうした点の評価には学習カード（個人ノート）の活用が有効である。ボール運動の学習についても同様で，同じような発想に立ち学習カードを工夫していく必要がある。あわせて，学習カードに記された内容や全体やグループの中で発言される内容も留意していきたい。

最後に，「学びに向かう力，人間性等」についてである。ここでは，運動やスポーツに対する愛好的態度やルールやマナーといった規範的態度，さらに準備・後片付け，審判，記録等の役割行動に対する社会的態度等を評価することになる。

具体的には，運動学習に関わった身体活動を通して形成される愛好的態度として，「運動に対して動機づけられ，主体的，積極的に学習に取り組んでいる

のか」，また「学習の結果として運動欲求を充足させ，運動への愛好的態度や価値的態度を深めているのかどうか」を評価することになる。これらは，学習者の自己評価として評価することになる。このとき，自己評価する規準は，「課題に積極的に取り組むことができた」「精一杯運動することができた」「何回も課題に取り組むことができた」「進んで運動することができた」などが考えられる。また，愛好的態度としては，「運動する楽しさを味わうことができた」「もっと取り組みたいという気持ちになった」「いままで以上にこの運動が好きになった」「体育科を好きになった」などが考えられる。

　上記の子どもたちの様子を判断する材料として，学習カード（個人ノート）等の記述や授業後のアンケートがある。これまで，こうした愛好的態度を測定する尺度として，単元レベルなら「態度測定法」（小林，1982）が，一単位授業なら「よい授業への到達度調査」（小林，1982）や「形成的授業評価法」（高橋ほか，2003）が，それぞれ開発されている。これらは，授業後に実施されるものであるが，いうまでもなく，子どもたちの学習の様子の観察も大切である。

3　体育科における評価の実践例

（1）技能面をどのように評価するか

　体育授業場面では，これまで開発・工夫されてきた評価道具の活用がある。たとえば，陸上運動ならば「走り幅跳び診断表」（辻野・梅野，1995）や「HJS指数」（川本ほか，1991）があげられる。ボールゲームならば，GPAI（ゲームパフォーマンス評価：Game Performance Assessment Instrument）（グリフィン，1999）がある。これらの評価法は，客観的・科学的根拠を有するものであり，かつ，数値目標を示すだけでなく何が課題かを明確に示すものである。上記のボールゲームの例（GPAI）ならば，教師はゲームの様子をビデオで撮影しておき分析を行いその結果を提示することがあげられる。これにより，子どもたちの自発的な学習が主体的な学習へと高まる可能性が期待でき，子どもたち自身の課題（めあて）の必然性や意味が理解されることになる。

（2）閉鎖型教材に用いる評価道具の例

図6-1は，「走り幅跳び診断表」の具体を示したものである。この図による診断の具体例としては，「A」のように跳躍距離が同じなのに助走スピードが異なる場合，助走スピードの速い子どもはそのスピードを生かしきっていないことが，また「B」のように助走スピードが同じで跳躍距離が異なる場合，跳躍動作や着地動作になんらかの問題のあったことがそれぞれ視覚的に捉えやすいという利点がある。これによって，自分に合った課題形成の方向性をみつめながら，「課題形成─練習─成果の確認」のサイクルを自力で行いやすくするものである。

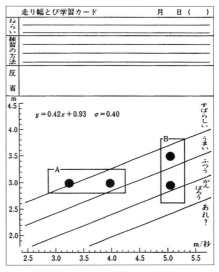

図6-1　走り幅跳び診断表

注：縦軸：跳躍距離，横軸：助走スピード。
出典：辻野・梅野（1995）より。

「HJS指数」とは，ハイジャンプ・スキル指数の略称である。この指数は走り高跳び運動における体格要因と体力要因の個人差を考慮した技術評価法であり，以下の算出式で求められる。

HJS指数（点）＝（走り高跳びの記録－1/2身長）／垂直跳びの記録×100

（3）開放型教材に用いる評価道具の例

ボール運動に代表される開放型教材では，「心電図型ゲーム分析表」や「ボールの軌跡図」の活用も考えられる。図6-2は「心電図型ゲーム分析表」を，図6-3は「ボールの軌跡図」を，それぞれ示した（大貫，1995）。

「心電図型ゲーム分析表」は，ボールが誰から誰へと移動したかを中心に記

録するものである．これにより，個人の触球数，パススローとレシーブ，ドリブル，シュートなどの回数がわかり，チームで立てた作戦がどのようなプレイによって遂行されたのかがわかる．たとえば，チームの作戦に従って守りの役割を果たす子（S君）を分析表の下の位置に名前を書き，攻めの役割を果たす子（W君）を表の上の位置に書いておくことで，2人のコンビプレイを判断・評価することができる．

また，「ボールの軌跡図」は，攻撃チームのボールの動きを記録するものである．これにより，空間（スペースの活用も含む）の使い方，縦パスと横パスの使い方がわかる．

これら以外に，近年，アメリカを中心に認知されるようになった評価の考え方としてオーセンティックアセスメントがある．信頼させる評価や真正な評価と呼ばれている．この評価の例としてGPAIがあげられる．信頼されるゲームパフォーマンスの評価のためには，ボールを保持していないときのプレイヤーを観察する必要がある．GPAIの評価対象には，ゲーム中の戦術的課題を解決する能力である意思決定，適切な動き，技能発揮に関わる複数の行動が含まれる．これらの行動をプレイヤーごとに「適切」「不適切」「有効」「非有効」といった観点から観察・記録し，パフォーマンス指標の算出を行うのである．具体的には，以下のような例があげられる．

- ゲーム参加＝「適切な意思決定の数」＋「不適切な意思決定の数」＋「有効な技能発揮の数」＋「適切なサポートの動きの数」
- 意思決定の指標（DMI：Decision Making Index）＝「適切な意思決定の数」÷「不適切な意思決定の数」
- 技能発揮の指標（SEI：Skill Execution Index）＝「有効な技能発揮の数」÷「非有効な技能発揮の数」
- サポートの指標（SI：Support Index）＝「適切なサポートの動きの数」÷「不適切なサポートの動きの数」
- ゲームパフォーマンス＝［DMI＋SEI＋SI］÷3

これにより，ゲームパフォーマンスが高スコアのプレイヤーはゲーム中に

第6章 体育科の評価

バスケットボール・グループノート　12月21日（木）4校時　11回目

No	名前	ゲームのようす	触球数	パス数	つながり率	シュート数	シュート成功数	パスの相関図
1	A君		7	3	100%	4	3	
3	D君		14	4	36%	3	0	
4	Bさん		4	4	100%	0	0	
計			25	11	61%	7	3	

対6班　前半　アナウンス E　記録 M

No	名前	ゲームのようす	触球数	パス数	つながり率	シュート数	シュート成功数	パスの相関図
2	W君		10	5	63%	2	0	
5	S君		8	5	71%	1	0	
6	Cさん		3	0	0%	2	0	
計			21	10	63%	5	0	

●触球　━━パス成功　～～～ドリブル　◉シュート成功　●シュート失敗

図6-2　心電図型ゲーム分析表

出典：大貫（1995）より。

ボールによくコンタクトし，意思決定がよく，うまく技能を発揮していたことになる。

○オーセンティックアセスメント

信頼される評価や真正な評価と訳される。教育や学習指導の目的とする能力や技能を，授業実践の過程の中で評価しようとするものである。この評価の目的は，評価によって学習指導を歪めないこととされている。具体的な技能目標に対応した成果を的確に把握し，次の改善に向けた明確なフィードバック情報を得ることができると捉えられている。

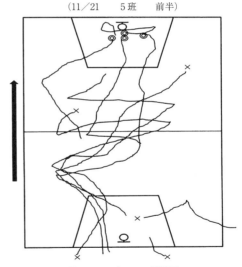

図6-3　ボールの軌跡図

出典：大貫（1995）より。

引用文献

今関豊一（2009）「体育の学習評価」杉山重利ほか編『保健体育科教育法』大修館書店，28～31頁。

宇土正彦（1981）「学習評価の意義・目的」宇土正彦編著『体育学習評価ハンドブック』大修館書店，5～15頁。

大貫耕一（1995）「ゲーム分析の方法」阪田尚彦ほか編『学校体育授業事典』大修館書店，738～743頁。

川本幸則・後藤幸弘・辻延浩・梅野圭史（1991）「走り高跳び学習の適時期に関する研究」『第42回日本体育学会大会号B』886頁。

グリフィン，L.L.著／高橋健夫・岡出美則訳（1999）『ボール運動の指導プログラム』大修館書店。

小林篤（1982）『体育の授業研究』大修館書店。

高田俊也（2010）「"評価"とはなにか」『体育科教育』第58巻6号，20～21頁。

高橋健夫・長谷川悦示・浦井孝夫（2003）『体育授業を観察評価する』大修館書店。

辻野昭・梅野圭史（1995）「課題解決的学習の授業」阪田尚彦ほか編『学校体育授業事典』大修館書店，697～701頁。

文部科学省（2017）「小学校学習指導要領解説体育編」。

学習の課題

(1) 体育科における評価の意義とねらいについて述べてみよう。
(2) 体育科における評価の観点とその方法についてまとめてみよう。
(3) 実際の授業実践を想定し，具体的にどのような評価活動を行うかについて自分の考えを述べてみよう。

【さらに学びたい人のための図書】

田中耕治編著（2010）『よくわかる教育評価［第2版］』ミネルヴァ書房。
　⇨評価の考え方，方法の具体等，様々な視点からまとめられている。評価についての入門書的な本である。

佐藤豊ほか『体育科教育』第58巻6号，大修館書店。
　⇨体育科についてのこれまでの評価の問題や改善点について，「いま，体育の学習評価はどう変わろうとしているのか」のテーマのもと特集が組まれ，これからの評価のあり方についての方向性が述べられている。

（山口孝治）

第7章 体つくり運動系の領域の授業づくり

この章で学ぶこと

体ほぐしの運動（遊び），多様な動きをつくる運動（遊び），体の動きを高める運動に代表される体ほぐしの運動領域の授業について学ぶ。低・中学年における発達の段階を踏まえると，体力を高めることを学習の直接の目的とすることは難しいといえるが，将来の体力の向上につなげていくためには，この時期に様々な体の基本的な動きを培っておくことが重要である。

本章では，領域の特性を知り，児童たちに「体を動かす」楽しさや心地よさを味わわせるための教具や学習活動の工夫，実際の学習展開について学ぶ。

1 体つくり運動系の特性および構成

(1) 体つくり運動系の特性

体つくり運動系は，体を動かす楽しさや心地よさを味わい運動好きになるとともに，心と体との関係に気づいたり，仲間と交流したりすることや，様々な基本的な体の動きを身に付けたり，体の動きを高めたりして，体力を高めるために行われる運動である。以下，「小学校学習指導要領解説体育編」より，領域の構成および学習指導の要点についてみていくこととする。

(2) 体つくり運動系の構成

体つくり運動領域として，低学年は「体つくりの運動遊び」，中・高学年は「体つくり運動」で構成されている。

「体つくりの運動遊び」については，「体ほぐしの運動遊び」および「多様な動きをつくる運動遊び」で構成され，「体つくり運動」については，中学年は

「体ほぐしの運動」および「多様な動きをつくる運動」、高学年は「体ほぐしの運動」および「体の動きを高める運動」で構成されている。

(3) 体つくり運動系領域の学習指導の要点

体つくり運動系の学習指導では、「体つくりの運動遊び」をすることで、体を動かす楽しさや心地よさを味わい運動好きになるとともに、心と体の関係に気づいたり、仲間と交流したりすることや、様々な基本的な体の動きを身に付けたり、体の動きを高めたりして、体力を高めることが課題である。

低学年は、「体つくりの運動遊び」とし、その内容もすべて「運動遊び」として示し、児童がやさしい運動に出会い、伸び伸びと体を動かす楽しさや心地よさを味わう遊びである。これは、入学後の児童が就学前の運動遊びの経験を引き継ぎ、小学校での様々な運動遊びに親しむことをねらいとしている。

低・中学年では、発達の段階から体の動きを高めることを学習の直接の目的にすることは難しいが、将来の体の動きを高めることにつなげていくためには、この時期に様々な基本的な体の動きを培っておくことが大切である。そのため、「多様な動きをつくる運動遊び」では、他の領域において扱われにくい体の様々な動きを取り上げ、その行い方を知るとともに、運動（遊び）の楽しさを味わいながら体の基本的な動きを培うことをねらいとしている。

「体の動きを高める運動」では、低・中学年で育まれた体の基本的な動きを基に、各種の動きを高めることにより体力の向上をねらいとしている。

2 体つくり運動系領域の内容

(1) 知識及び技能

表7-1は、低学年の体ほぐしの運動遊び—中・高学年の体つくり運動、低学年の多様な動きをつくる運動遊び—中学年の多様な動きをつくる運動—高学年の体の動きを高める運動、という発達段階ごとに系統的に配列されている。

実際の授業場面では、該当する運動遊びの行い方を知り、そこで身に付けた

第7章 体つくり運動系の領域の授業づくり

表7-1 体つくり運動領域で取り上げられている「知識及び技能」

	低学年		中学年		高学年
体ほぐしの運動遊び	○次の運動を通して，心と体の変化に気付いたり，みんなで関わり合ったりすること ・伸び伸びとした動作で新聞紙やテープ，ボール，なわ，体操棒，フープなど，操作しやすい用具などを用いた運動遊びを行うこと ・リズムに乗って，心が弾むような動作で運動遊びを行うこと ・動作や人数などの条件を変えて，歩いたり走ったりする運動遊びを行うこと ・伝承遊びや集団による運動遊びを行うこと	体ほぐしの運動	○次の運動を通して，心と体の変化に気付いたり，みんなで関わり合ったりすること ・伸び伸びとした動作でボール，なわ，体操棒，フープなどの用具を用いた運動を行うこと ・リズムに乗って，心が弾むような動作での運動を行うこと ・動作や人数などの条件を変えて，歩いたり走ったりする運動を行うこと ・伝承遊びや集団による運動を行うこと		○次の運動を通して，心と体との関係に気付いたり，仲間と関わり合ったりすること ・伸び伸びとした動作で全身を動かしたり，ボール，なわ，体操棒，フープなどの用具を用いた運動を行ったりすること ・リズムに乗って，心が弾むような動作での運動を行うこと ・ペアになって背中合わせに座り，体を前後左右に揺らし，リラックスできる運動を行うこと ・動作や人数などの条件を変えて，歩いたり走ったりする運動を行うこと ・グループや学級の仲間と力を合わせて挑戦する運動を行うこと ・伝承遊びや集団による運動を行うこと
多様な動きをつくる運動遊び	[体のバランスをとる運動遊び] ○回るなどの動き ○寝ころぶ，起きるなどの動き ○座る，立つなどの動き ○体のバランスを保つ動き [体を移動する運動遊び] ○這う，歩く，走るなどの動き ○跳ぶ，はねるなどの動き ○一定の速さでのかけ足（2～3分） [用具を操作する運動遊び] ○用具をつかむ，持つ，降ろす，回す，転がすなどの動き ○用具をくぐるなどの動き ○用具を運ぶなどの動き ○用具を投げる，捕るなどの動き ○用具を跳ぶなどの動き ○用具に乗るなどの動き [力試しの運動遊び] ○人を押す，引く動きや力比べをするなどの動き ○人を運ぶ，支えるなどの動き	多様な動きをつくる運動	[体のバランスをとる運動] ○回るなどの動き ○寝ころぶ，起きるなどの動き ○座る，立つなどの動き ○渡るなどの動き ○体のバランスを保つ動き [体を移動する運動] ○這う，歩く，走るなどの動き ○跳ぶ，はねるなどの動き ○登る，下りるなどの動き ○一定の速さでのかけ足（3～4分） [用具を操作する運動] ○用具をつかむ，持つ，降ろす，回す，転がすなどの動き ○用具をくぐる，運ぶなどの動き ○用具を投げる，捕る，振るなどの動き ○用具を跳ぶなどの動き ○用具に乗るなどの動き [力試しの運動] ○人を押す，引く動きや力比べをするなどの動き ○人を運ぶ，支えるなどの動き [基本的な動きを組み合わせる運動] ○バランスをとりながら移動するなどの動き ○用具を操作しながら移動するなどの動き	体の動きを高める運動	[体の柔らかさを高めるための運動] ○徒手での運動 ・体の各部位を大きく広げたり曲げたりする姿勢を維持する ・全身や各部位を振ったり，回したり，ねじったりする ○用具などを用いた運動 ・ゴムひもを張りめぐらせて作った空間や，棒の下や輪の中をくぐり抜ける [巧みな動きを高めるための運動] ○人や物の動き，場の状況に対応した運動 ・長座姿勢で座り，足を開いたり閉じたりする相手の動きに応じ，開脚や閉脚を繰り返しながら跳ぶ ・マーカーをタッチしながら，素早く往復走をする ○用具などを用いた運動 ・短なわや長なわを使っていろいろな跳び方をしたり，なわ跳びをしながらボールを操作したりする ・フープを転がし，回転しているフープの中をくぐり抜けたり，跳び越したりする [力強い動きを高めるための運動] ○人や物の重さなどを用いた運動 ・二人組，三人組で互いに持ち上げる，運ぶなどの運動をする [動きを持続する能力を高めるための運動] ○時間やコースを決めて行う全身運動 ・短なわ，長なわを使っての跳躍やエアロビクスなどの全身運動を続ける ・無理のない速さで5～6分程度の持久走をする

出典：文部科学省（2017）174頁より。

基本的な体の動きをもとに,動きの幅を広げるためには,どのような体の動きが必要かを知ることがねらいとなる。

低学年の体ほぐしの運動遊びでは,その行い方を知るとともに,手軽な運動遊びを行い,体を動かす楽しさや心地よさを味わうことを通して,自己の心と体の変化に気づいたり,みんなで関わり合ったりすることが学習内容となる。

心と体の変化に気づくとは,体を動かすと気持ちがよいことや,力一杯動くと汗が出たり心臓の鼓動が激しくなったりすることなどに気づくことを目指す。

みんなで関わり合うとは,人それぞれに違いがあることを知り,誰とでも仲良く協力したり助け合ったりして運動遊びを行い,友達と一緒に体を動かすと楽しさが増すことや,つながりを体験することを目指している。

中学年の体ほぐしの運動では,その行い方を知るとともに,手軽な運動を行い,体を動かす楽しさや心地よさを味わうことを通して,自己や友達の心と体の状態に気づいたり,みんなで豊かに関わり合ったりすることが学習内容となる。

心と体の変化に気づくとは,体を動かすと心も弾み,体の動きが軽快になることや,体の力を抜くと気持ちがよいこと,汗をかいた後は気分もすっきりするなど,運動により心や体が変化することに気づくことをねらいとしている。

みんなで関わり合うとは,運動を通して自他の心と体に違いがあることを知り,誰とでも仲よく協力したり助け合ったりして様々な運動をすると楽しさが増すことや,友達とともに体を動かすと心のつながりを感じ,体を動かすことへの不安が解消されることなどを体験することをねらいとしている。

高学年の体ほぐしの運動では,その行い方を理解するとともに,手軽な運動を行い,体を動かす楽しさや心地よさを味わうことをとおして,自己や仲間の心と体の状態に気づいたり,仲間と豊かに関わり合ったりすることがねらいである。

心と体の変化に気づくとは,運動すると心が軽くなったり,体の力を抜くとリラックスできたり,体の動かし方によって気持ちも異なることなど,心と体が関係し合っていることに気づくことである。

仲間と関わり合うとは,運動を通して自他の心と体に違いがあることを理解

し，仲間のよさを認め合うとともに，仲間の心と体の状態に配慮しながら豊かに関わり合う楽しさや大切さを体験することである。

（2）思考力，判断力，表現力等

表7-2は体つくり運動系の領域の学習で必要な思考力，判断力，表現力等の具体を，発達段階ごとに示したものである。

表7-2　体つくり運動領域で取り上げられている「思考力，判断力，表現力等」

低学年	中学年	高学年
体をほぐしたり多様な動きをつくったりする遊び方を工夫するとともに，考えたことを友達に伝える	自己の課題を見付け，その解決のための活動を工夫するとともに，考えたことを友達に伝える	自己の体の状態や体力に応じて，運動の行い方を工夫するとともに，自己や仲間の考えたことを他者に伝える

出典：文部科学省（2017）182頁より。

これより，その内容は大きく2つの観点から述べられている。一つは運動に取り組む際の課題のみつけ方やその解決に向かう活動の工夫に関するものである。もう一つは，解決に向かう活動を通して感じたこと，考えたことを友達に伝えることである。体つくり運動系の領域の学習は，他の運動に関する領域のような固有の技能や動き等を身に付けることが学習のねらいではないことから，「技能」ではなく「運動」として示されている。そのため，系統的な技能や動きを例示することが適さないことから，ねらいに基づいた「行い方の例」や「運動の計画と実践の例」を示すことによって，自らの課題が明確になりやすい。友達同士で様子を見合い，評価をし合うことが重要になってくる。

（3）学びに向かう力，人間性等

表7-3は，体つくり運動系の領域の学習で求める学びに向かう力，人間性等の内容を，発達段階ごとに示したものである。

体つくり運動系の領域の学習は，他の運動領域と比べて広い空間を使って全身を使った運動をすることが多いのでけがが起きやすい領域である。危険物がないか，友達とぶつからない十分な間隔があるかなどの場の安全に気をつける

表7-3　体つくり運動領域で取り上げられている「学びに向かう力，人間性等」

低学年	中学年	高学年
運動遊びに進んで取り組み，きまりを守り誰とでも仲良く運動したり，場の安全に気を付けたりする	運動遊びに進んで取り組み，きまりを守り誰とでも仲良く運動したり，友達の考えを認めたり，場や用具の安全に気を付けたりする	運動に積極的に取り組み，約束を守り助け合って運動したり，仲間の考えや取り組みを認めたり，用具の安全に気を配ったりする

出典：文部科学省（2017）184頁より。

など，学習を通して規律や安全面への意識を高めていくことが求められる。また，友達の考えを認めたり，互いの気持ちを尊重し合いながら，少しずつ進歩を認め合う姿勢を大切にしたい。

3　学習成果を高める体つくり運動系の授業づくり

（1）練習活動の工夫（および場づくり）

体育授業を行う場面では，児童が「やってみたい」「遊んでみたい」といった興味・関心を高めるような「練習の場づくりの工夫」が必要である。

中学年では，多様な動きをつくる運動遊びで経験したことを発展させるとともに，基本的な動きを組み合わせた動きを身に付けて動きの質を高めていく。確かな動きを身に付け，基本的な動きを組み合わせてより複雑な動きを経験することが，将来的に各種の運動の技能の獲得や，高学年の体力を高める運動で取り上げられる内容につながっていくことになる。

多様な動きをつくる運動は，次のように低学年の内容を発展させた4つ（①〜④）の内容と，「基本的な動きを組み合わせる運動」から構成されている。

① 体のバランスをとる運動

　姿勢や方向を変えて，回る，寝ころぶ，起きる，座る，立つ，渡るなど動きやバランスを保つ動きで構成される運動を通して，体のバランスをとる動きを身に付けることができるようにする。

② 体を移動する運動

　速さ・リズム・方向などを変えて，這う，歩く，走る，跳ぶ，はねる，登る，

第7章 体つくり運動系の領域の授業づくり

回してからくぐり抜ける　　　　　　　　　　前転して受け取る
図7-1　練習の場づくりの工夫例

出典：筆者作成。

下りるなどの動きで構成される運動や一定の速さでのかけ足などの運動を通して，体を移動する動きを身に付けることができるようにする。
③　用具を操作する運動
　用具をつかむ，持つ，降ろす，回す，転がす，くぐる，運ぶ，投げる，捕る，跳ぶ，用具に乗るなどの動きで構成される運動を通して，用具を操作する動きを身に付けることができるようにする。
④　力試しの運動
　人を押す，引く，運ぶ，支えるなどをしたり，力比べをしたりするなどの動きで構成される運動を通して，力試しの動きを身に付けることができるようにする。
　たとえば輪をまっすぐに転がして動いている輪をくぐり抜けたり，ボールを投げ上げてから前回りをし，落ちてきたボールをキャッチするなどは，用具を操作する動きと移動する動きとを組み合わせた運動である。ここでは，基本的な動きを連続して行う中で，状況に応じたリズムやタイミングのとり方，素早い動きや滑らかな動きなど，より質の高い動きづくりを進めるようにする（図7-1）。

（2）器械・器具の工夫
　児童にとって，これまで経験したことのない技に挑戦し，その獲得を図ることは容易なことではない。恐怖心などの心理面での不安が学習意欲を減退させ

97

図7-2　器械・器具の工夫例
出典：筆者作成。

ることもある。このようなとき，上記の練習活動の工夫と同様，その技の獲得に必要な技術を身に付けることを容易にさせる器械・器具の工夫が効果的である。図7-2は，「竹馬乗り」で使う器械・器具の例である。左側は台を，右側は壁を使った例である。

（3）資料・学習カードの活用

　体つくり運動系の授業では，児童が効率よく技を獲得するために，学習資料の活用が重要になってくる。図7-3は，中学年の動きを組み合わせる運動で使われる学習カードの一例である。

　学習カードは児童からすると学びの進歩を知る，教師との意思疎通のツールとなるなど，様々な効果が考えられる。低学年では文章で書かせるよりもシールを貼る，色を塗るといった方法が効果的である。図7-3は，今日やってみた運動の〇に色を塗るものである。どんどん〇が増えていくことが，児童の運動に対する欲求を喚起する。このとき，毎時塗られた〇の色を変えることによって，教師からすると児童の学習の進み具合を知ることが容易になり，評価にも役立てることができる。

（4）ICTの活用

　学習場面においてICTの積極的な活用が推進されるようになってきている。

第7章 体つくり運動系の領域の授業づくり

学習カード「いろいろな運動をしよう！」

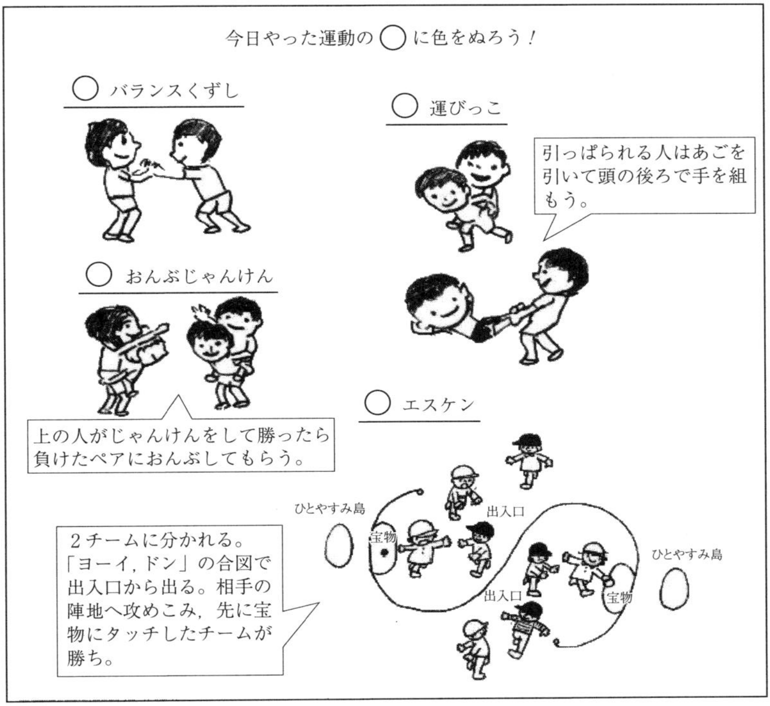

今日やった運動の○に色をぬろう！

○ バランスくずし

○ 運びっこ

引っぱられる人はあごを引いて頭の後ろで手を組もう。

○ おんぶじゃんけん

上の人がじゃんけんをして勝ったら負けたペアにおんぶしてもらう。

○ エスケン

ひとやすみ島　出入口　ひとやすみ島
宝物　出入口　宝物

2チームに分かれる。「ヨーイ，ドン」の合図で出入口から出る。相手の陣地へ攻めこみ，先に宝物にタッチしたチームが勝ち。

図7-3　動きを組み合わせる運動で使われる学習カードの例
出典：筆者作成。

体育科のおいても同様である。体つくり運動系の学習においては，イメージビデオやタブレット端末およびデジタルカメラの活用があげられる。前者は技のイメージを理解することにおいて，後者は自らの課題や進歩を理解することにおいて，それぞれ有効なツールになりうるものである。

これまで述べてきた練習活動や器械・用具の工夫，資料や学習カードおよびICTの活用を，取り組む技や発達段階に応じて積極的に展開することは，運動に対する児童の自立解決能力を高めることにつながっていく。

4　体つくり運動領域の授業実践例

（1）「多様な動きをつくる運動」の指導を考える

　本節では，体育科の学習指導案（学習指導案の作成）について，第4学年の「体つくり運動」領域の「多様な動きをつくる運動」の具体例を示す。

　第4学年における「多様な動きをつくる運動」のねらい，進め方について考えていきたい。事前に体育の学習に関するアンケートなどで尋ねてみると概ね次のような答えが返ってきた。体育が好きな児童が30名中27名と意欲の高さがうかがえた。また，フラフープを使った運動が好きな児童が多く，多様な動きをつくる運動に例示されている用具を使った運動についても意欲的に行うことが出来るのではないかと考える。一方で，「平均台から落ちそうで怖い」といったことを体育が嫌いな理由としてあげている児童もみられた。安心して運動に取り組むことができるような用具の工夫やグループ編成が必要である。

　体つくり運動は，これまで1～3年生であまり経験してこなかった。体つくり運動がどういった運動なのか知っている児童は少なく，また知っていると答えている児童も腕立て伏せや腹筋・背筋をつける筋力トレーニングと捉えていたため，学習のねらいを明確にして授業を進めることが必要である。

　いうまでもなく，教師は子どもたちの課題解決に向けて，個別の関わりが大事になってくる。学習のすすめ方がわかっているか，安全な活動になっているか，どこでつまずいているか，などを観察しながら適宜，必要に応じて助言を行っていかなければならない。また，子どもたちが互いの様子に目を向け，励まし合ったり，協力して場づくりをしたりすることも大切である。そのような活動になるべく声掛けをしていくことも大事な支援となる。

　次項では，ここまで述べてきたことを踏まえた学習指導案を示していく。

（2）「多様な動きをつくる運動」の指導案例

体育科学習指導案

指導者　〇〇　〇〇

1. 日　　　時　　平成〇年〇月〇日
2. 学年・組　　第4学年1組（在籍30人）
3. 単　　　元　　多様な動きをつくる運動（ア．体つくりの運動　イ．多様な動きをつくる運動）
4. 単元の目標
   - 体のバランスや移動，用具の操作などとともに，それらを組み合わせることが出来るようにする。（知識及び技能）
   - 多様な動きをつくる運動の行い方を工夫できるようにする。（思考力，判断力，表現力等）
   - 運動に進んで取り組み，決まりを守り仲良く運動したり，場の安全に気を付けたりすることが出来るようにする。（学びに向かう力，態度等）
5. 指導計画（全6時間）
   第1次　バランスをとって，リズムよくケンケンパでわたる。
   　　〇平均台の上を歩く→　・横向き，しゃがんで　・肩をもってみんなで
   　　〇ケンケンパ→　・ジグザグ走とケンケン　・半回転，1回転をしながら
   第2次　バランスをとって，倒れないで，歩いたり走ったり跳んだりする。
   　　〇背中を合わせてエレベーター→　・ボールをはさんで
   　　〇線の上を歩く，走る，跳ぶ→　・動物歩きをしながら
   第3次　ボールや板をうまくあやつろう。
   　　〇ボールを上に投げてとる→　・座って　・あお向けで　・グループで
   　　〇手を使わずに板を運ぶ→　・頭上や肩に乗せて　・膝ではさんで
   第4次　フープやなわをうまくあやつろう
   　　〇フープを回す→　・腕や腰で
   　　〇短縄で色々な遊び方をする→　・一人で　・ペアで
   第5次（本時）力いっぱい押そう，引こう！　友達と運ぼう！
   　　〇色んな姿勢で友達を運ぶ→　・腕をにぎって
   　　〇棒ずもう→　・押す　・引っ張る　・人数を増やして　・相手を変えて
   第6次　組み合わせた動きでゲームをして遊ぼう！
   　　〇前時までやってみた組み合わせた動きの中から遊んでみたいゲームを選んで，グループ同士で遊ぶ

6．単元について
〈教材観〉
　一般的な特性は，体のバランスをとったり移動をしたりする動きや，用具を操作したりする動きを意図的に育む運動を通して，体の基本的な動きを身に付けることができる運動である。
　児童から見た特性は，これまであまり経験したことのない動きに挑戦する魅力や楽しさがある。また，友達と協力して動きを工夫することで，新しい動きを発見する楽しさがある運動である。
〈児童観〉
　本学級は男子16名，女子14名である。休み時間になると，男子は，サッカーやドッヂボール等，活発に外遊びをしている。女子は，読書をしたり工作やあや取りなど室内で遊ぶことを好む児童が多い。
　ミニハードル走の学習では，グループの友達と協力しながら学習を進めることができた。グループで見合う練習の時間では，リズムよくハードルを跳びこしている友達に「すごくリズムがいいよ」などの声をかける児童や「もう少し姿勢が低い方がいいよ」と声をかける児童が見られた。しかし，運動することに夢中になりすぎて，ルールやマナーを守れなくなってしまう児童もいた。また，事前の体育学習に関するアンケート調査結果から，平均台を使った運動やフラフープを使った運動が好きな児童が多く，多様な動きをつくる運動に例示されている用具を使った運動についても意欲的に行うことができるのではないかと考える。一方で，「平均台から落ちそうで怖い」といったことを体育が嫌いな理由として挙げている児童も見られた。安心して運動に取り組むことが出来るような用具の工夫やグループ編成が必要である。
〈指導観〉
　本単元では，「友達と協力して動きを工夫することで，新しい動きを発見する楽しさがある運動である」という体つくり運動の特性を十分に味わうことが出来るように，児童がどう動きを工夫すればよいのかについて明確にする必要があると考えた。そこで動きを工夫するポイントを「体の向き」「身のこなし」「人数」「道具」の４つとし，それらのポイントを意識させて自分たちで考えながら動きを工夫することが出来るようにしたい。どのポイントも，変化を持たせることによって動きが難しくなるため，児童が楽しむことが出来ると考えられる。
　また，体つくり運動をあまり経験していないという児童が多いことから，多様な動きをつくる運動で示されている５つの運動をバランスよく経験させたい。そのうえ，経験した動きでゲームをしたり，もう一度やってみたい動きをグループで考えて行うなど，児童が自分たちから進んで運動に取り組むことが出来るよう指導にあたっていきたい。どの動きも「楽しい」「面白い」「好き」と思えて，高学年の体の動きを高め

第7章 体つくり運動系の領域の授業づくり

る運動に取り組む際には自分から進んで体の動きを高めることを目指す児童になるよう指導していく。

7．本時（全6時間中の第5時）
(1) 本時の目標
　体のバランスをとる運動や体を移動する運動，用具を操作する運動の動きの組み合わせを選んでいる。
(2) 本時の展開

	学習活動	指導上の留意点・支援（評価の観点）
はじめ 10分	・生活グループで分担して，場の準備をする。 ・準備運動 　ペアでGボールを使って運動をする。	・Gボールに乗って体をストレッチしたり，Gボールに乗ってはずんだりして体を温めたりするように声掛けをする。 ・ペアで補助をしながら運動するように声を掛ける。
なか 27分	○基本学習 本時のねらいを確認する。 　バランス・移動・用具の操作の動きを組み合わせてやってみよう！ 〈活動例〉 　①平均台の上をボールを持ちながら渡る。 　②手を使わずに板を運ぶ。 　③ケンケンパをしながら縄跳びをする。 　④フープを腕で回しながらライン上を歩く。 　⑤平均台の上でボールを投げる，とる 　　（一人で，ペアで）。 ○発展学習 ・ねらいを確かめ，自分の挑戦の仕方を確認する。 　グループで組み合わせた動きをやってみよう！ 〈活動例〉 　①平均台の上でフープを腕や腰で回す。 　②長縄で跳びながらペアでボールを投げる，とる。 　③長縄で跳びながら，その中で短縄を使い前跳びをする。 　④もう一度グループで組み合わせた動きをやってみる。	・これまで経験した動きのカードを提示して，動きを組み合わせることを伝える。 ●難しそうやね… ●どんな風に組み合わせればいいのだろう ・道具を自由に使って動きを組み合わせてよいことを伝える。 ・動くことが出来ないグループには，道具を提示して，出来そうな動きに挑戦するように声掛けをする。 ・上手に組み合わせた動きをしているグループの動きを紹介する。 ・工夫しているところなどを賞讃し，どんな点に気を付けると上手にできるかを問いかけながら，動きのポイントなどを広める。 ●わたしたちもやってみよう！ ●僕らは道具を変えてやってみよう！ ・うまく動くことが出来ない児童には動きがよい児童の動き方に目を向けるように声掛けをしたり，真似してみたらと促す。 ・無理な動きの組み合わせ方を選んでいる児童には，安全に気を付けて運動するように声掛けをする。 ・組み合わせた動きがきちんと出来ているグループには，動きの4つのポイントを伝えて，組み合わせて出来た動きをさらに工夫することが出来るか声掛けをする。 ●工夫するポイント 　①体の向き　②身のこなし　③人数　④道具

103

| まとめ 8分 | ・自らの出来ばえや工夫したことを振り返る。
・学習カードに自己評価等を書きこむ。
・グループで協力して後かたづけをする。 | ・学習カードに，自分が出来た組み合わせの動きや工夫したことを，友達の良い動きを中心に書くように伝える。
・よくかけている児童の感想を伝える。
・次時は組み合わせでできた動きをしてゲームをしたり，競争することを伝える。 |

(3) 活動の場

「基本学習」の場づくり

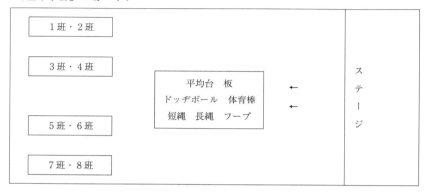

引用文献

文部科学省（2017）「小学校学習指導要領解説体育編」。

学習の課題

(1) 体つくり運動の特性と構成，学習指導の要点についてまとめてみよう。
(2) 体つくり運動の内容について概略を記すとともに，それについての自分の考えを述べてみよう。
(3) 体つくり運動領域の学習効果を高めるための「練習の場づくりの工夫」について述べてみよう。

【さらに学びたい人のための図書】

鈴木秀人ほか（2011）『小学校体育授業づくり入門』学文社。
　　⇨初めて体育授業づくりをする学生に，本質から学べる体育科教育法テキストである。授業実践記録が収録してあり，楽しい授業づくりのヒントが多く掲載されている。

(西村　誠)

第8章 器械運動系の領域の授業づくり

この章で学ぶこと

マット運動，跳び箱運動，鉄棒運動に代表される器械運動領域の授業は，児童たちにとって「好き―嫌い」が分かれる。その理由の一つとして「できる―できない」がはっきりわかることがあげられる。本章では器械運動領域の特性を知り，子どもたちに「できる」楽しさを味わわせるための教具や練習活動の工夫，実際の学習展開について学ぶ。

1 器械運動系の特性および構成

(1) 器械運動の特性

器械運動系は，「回転」「支持」「懸垂」等の運動で構成され，様々な動きに取り組んだり，自己の能力に適した技や発展技に挑戦したりして技を身に付けたときに楽しさや喜びを味わうことができる運動である。以下，「小学校学習指導要領解説体育編」より，領域の構成および学習指導の要点についてみていくこととする。

(2) 器械運動系領域の構成

器械運動系の領域として，低学年は「器械・器具を使っての運動遊び」，中・高学年は「器械運動」で構成されている。

器械・器具を使っての運動遊びは，「固定施設を使った運動遊び」「マットを使った運動遊び」「鉄棒をつかった運動遊び」および「跳び箱を使った運動遊び」で内容が構成されている。これらの運動遊びは，様々な動きに楽しく取り組み，基本的な動きや知識を身に付けたときに喜びに触れ，その行い方を知る

ことのできる運動である。

　器械運動は，中・高学年ともに「マット運動」「鉄棒運動」および「跳び箱運動」で内容が構成されている。これらの運動は，技を身に付けたり，新しい技に挑戦したりするときに楽しさや喜びに触れたり，味わうことができる運動である。また，より困難な条件のもとでできるようになったり，より雄大で美しい動きができるようになったりする楽しさや喜びも味わうことができる。マット運動は回転系（接転技群：前転・後転グループ技，ほん転技群：倒立回転・はね起きグループ技）と巧技系（平均立ち技群：倒立グループ技）を，鉄棒運動は支持系（前方支持回転技群：前転・前方足掛け回転グループ技，後方支持回転技群：後転・後方足掛け回転グループ技）を，跳び箱運動は切り返し系（切り返し跳びグループ技）と回転系（回転跳びグループ技）を取り上げている。なお，技の分類については，発達の段階および中学校との連携を考慮し，児童が学びやすくなるように配慮されている。

（3）器械運動系領域の学習指導の要点

　器械・器具を使っての運動遊びの学習指導では，それぞれの器械・器具の条件のもとで，回転，支持，逆さ姿勢，ぶら下がり，振動，手足での移動などの基本的な動きができるようになったり，遊び方を工夫したり，これらを友達に伝えたりすることが課題になる。また，児童がそれぞれの器械・器具を使った多様な動き方や遊び方をイメージできるように図で掲示したり，集団で取り組める遊びを工夫したり，児童が創意工夫した動きを評価したりすることが必要である。さらに，器械運動と関連の深い動きを，意図的に取り入れることにより，基礎となる体の動かし方や感覚を身に付けることが大切である。

　器械運動の学習指導では，低学年の「固定施設を使った運動遊び」「マットを使った運動遊び」「鉄棒を使った運動遊び」および「跳び箱を使った運動遊び」で経験した身に付けた体の動かし方や運動感覚を，中・高学年の「マット運動」「鉄棒運動」および「跳び箱運動」の技の学習に生かすように学習過程を進めることが大切である。加えて，それぞれの運動に集団で取り組み，一人ひとりがで

きる技を組み合わせ，リズムを合わせて演技する活動を取り入れることもできる。

　器械運動は，「できる」「できない」がはっきりした運動であることから，すべての児童が技を身に付ける楽しさや喜びを味わうことができるよう，自己やグループの課題を身に付け，その課題の解決の仕方を考えたり，練習の場や段階を工夫したりすることができるようにすることが大切である。

　また，運動を楽しく行うために，一人ひとりが自己の課題の解決のために積極的に取り組み，約束を守り助け合って運動したり，仲間の考えや取組みを認めたり，場や器械・器具の安全に気を配ったりすることができるようにすることが求められる。

2　器械運動系領域の内容

（1）知識及び技能

　表8-1は，「マット運動」「鉄棒運動」「跳び箱運動」種目における取り扱う技（運動遊び）を発達段階ごとに整理したものである。

　これにより，いずれの種目も取り扱う技について，低学年の遊び—中学年の基本的な技—高学年の発展技という順に系統的に配列されていることがわかる。実際の授業場面では，該当する技を身に付けること，身に付けるためにはどのような体の動きが必要かを知ることがねらいとなる。

　マット運動は，大きく回転系と巧技系に分類され，前者はさらに接転技とほん転技に分かれている。接転技群では前転や跳び前転などの前転グループに属する技，後転や伸膝後転などの後転グループに属する技が学習内容となる。技巧系は壁倒立，頭倒立および補助倒立といった倒立グループに属する技の獲得を目指す。

　鉄棒運動では，前方支持回転技と後方支持回転技といった支持系の技を中心に取り扱う。前者は，前回り下りや前方支持回転などの前転グループに属する技と前方片膝掛け回転や前方もも掛け回転などの前方足掛け回転グループに属する技が含まれる。後者は，逆上がりや後方支持回転などの後転グループに属する技と後方片膝掛け回転と後方もも掛け回転などの後方足掛け回転グループ

表8-1 器械運動領域で取り上げられている「知識及び技能」

種目	系	技群	グループ	低学年 運動遊び	中学年 基本的な技（発展技）	高学年 発展技（更なる発展技）
マット運動	回転系	接転技	前転	ゆりかご　前転がり　後ろ転がり　背支持倒立(首倒立)　だるま転がり　丸太転がり　かえるの逆立ち　かえるの足打ち　うさぎ跳び　壁上り逆立ち	前転　易しい場での開脚前転（開脚前転）	補助倒立前転（倒立前転）（跳び前転）　開脚前転（易しい場での伸膝前転）
			後転		後転，開脚後転（伸膝後転）	伸膝後転（後転倒立）
		ほん転技	倒立回転	背支持倒立(首倒立)，壁上り逆立ち，ブリッジ，かえるの逆立ち　かえるの足打ち　うさぎ跳び　支持での川跳び　腕立て横跳び越し　肋木	補助倒立ブリッジ（倒立ブリッジ）　側方倒立回転（ロンダート）	倒立ブリッジ（前方倒立回転　前方倒立回転跳び）　ロンダート
			はね起き		首はね起き（頭はね起き）	頭はね起き
	巧技系	平均立ち技	倒立		壁倒立（補助倒立）　頭倒立	補助倒立（倒立）
鉄棒運動	支持系	前方支持回転技	前転	ふとん干し　ツバメ　足抜き回り　ぶたの丸焼き　さるこうもり　ぶら下がり　跳び上がり・下り　前に回って下りる	前回り下り（前方支持回転）　かかえ込み前回り（前方支持回転）　転向前下り（片足踏み越し下り）	前方支持回転（前方伸膝支持回転）　片足踏み越し下り（横とび越し下り）
			け前回方足掛		膝掛け振り上がり（腰掛け上がり）　前方肩膝掛け回転（前方もも掛け回転）	膝掛け上がり（もも掛け上がり）　前方もも掛け回転
		後方支持回転技	後転	○固定施設を使った運動遊び　・ジャングルジム　・雲梯　・登り棒　・肋木	補助逆上がり（逆上がり）　かかえ込み後ろ回り（後方支持回転）	逆上がり　後方支持回転（後方伸膝支持回転）
			け後回方足掛		後方肩膝掛け回転（後方もも掛け回転）　両膝掛け倒立下り（両膝掛け振動下り）	後方もも掛け回転　両膝掛け振動下り
跳び箱運動	切り返し系	し跳返びし	し切跳返びし	馬跳び　タイヤ跳び　うさぎ跳び　ゆりかご　前転がり　背支持倒立(首倒立)　かえるの逆立ち　かえるの足打ち　壁上り下り倒立　支持でまたぎ乗り・またぎ下り　支持で跳び乗り・跳び下り　踏み越し跳び	開脚跳び（かかえ込み跳び）　台上前転（伸膝台上前転）	かかえ込み跳び（屈身跳び）　伸膝台上前転
	回転系	回転跳び			首はね跳び（頭はね跳び）	頭はね跳び（前方屈腕倒立回転跳び）

出典：文部科学省（2017）175頁より。

に属する技が含まれる。また，低学年ではジャングルジム，雲梯(うんてい)，登り棒といった固定施設を使った運動遊びも明記されている。

　跳び箱運動では，大きく切り返し系と回転系に分類され，前者は開脚跳びやかかえ込み跳びなどの切り返し跳びグループに属する技，台上前転や頭はね跳びなどの回転跳びグループに属する技を扱うことになる。

（2）思考力，判断力，表現力等

　表8-2は，器械運動系の領域の学習で必要な思考力，判断力，表現力等の具体を，発達段階ごとに示したものである。

表8-2　器械運動領域で取り上げられている「思考力，判断力，表現力等」

低学年	中学年	高学年
器械・器具を用いた簡単な遊び方を工夫するとともに，考えたことを友達に伝える	自己の能力に適した課題を見付け，技ができるようになるための活動を工夫するとともに，考えたことを友達に伝える	自己の能力に適した課題の解決の仕方や技の組み合わせ方を工夫するとともに，自己や仲間の考えたことを他者に伝える

出典：文部科学省（2017）182頁より。

　ここでは，その内容は大きく2つの観点から述べられている。一つは運動に取り組む際の課題のみつけ方やその解決に向かう活動の工夫に関するものである。もう一つは，課題解決に向かう活動を通して感じたこと，考えたことを友達に伝えることである。器械運動系の領域の学習は，陸上運動系の学習と同様に「閉鎖型スキル」教材と呼ばれている。「閉鎖型スキル」教材は，ボール運動のような「開放型スキル」教材に比べると，運動局面が明確なため，局面ごとの動きを分析することによって，自らの課題が明確になりやすい。友達同士で様子を見合い，評価をし合うことが重要になってくる。

（3）学びに向かう力，人間性等

　表8-3は，器械運動系の領域の学習で求められる学びに向かう力，人間性等の内容を，発達段階ごとに示したものである。

　器械運動系の領域の学習は，他の運動領域と比べてけがが起きやすい領域で

表 8-3　器械運動領域で取り上げられている「学びに向かう力，人間性等」

低学年	中学年	高学年
・運動遊びに進んで取り組む ・順番やきまりを守り誰とでも仲よく運動をする ・場や器械・器具の安全に気を付ける	・運動に進んで取り組む ・きまりを守り誰とでも仲よく運動をする ・友達の考えを認める ・場や器械・器具の安全に気を付ける	・運動に積極的に取り組む ・約束を守り助けあって運動をする ・仲間の考えや取組を認める ・場や器械・器具の安全に気を配る

出典：文部科学省（2017）184頁より。

ある。マットや跳び箱，鉄棒といった器具の扱いや場づくりの安全，試技の順番を守るなど，学習を通して規律や安全面への意識を高めていくことが求められる。また，友達の失敗を笑ったり，冷やかしたりせず，互いに励まし合いながら，少しずつの進歩を認め合う姿勢を大切にしたい。

3　学習成果を高める器械運動系の授業づくり

（1）練習活動の工夫

体育授業の場面では，陸上運動における走り幅跳びの「横木幅跳び」（辻野・梅野，1995）のような「効果的な場の工夫」と称される練習活動（学習活動）の工夫が多種・多様に存在する。器械運動系の運動においても「段階指導」やスモールステップと呼ばれる工夫は重要になる。その一つに，小久保（1981）による「開脚跳び」の習得を目指した段階指導がある。図 8-1 は，その具体（順序性）を図式化したものである。

久本ほか（1986）は，「腕立て開脚跳び越し」の習得には，①踏切期で，内側広筋，大腿直筋，大殿筋による強力な踏切動作を行い，重心を上方にあげること，②着手期前半で，上腕三頭筋，三角筋前部による腕の突っ張り動作を行い，重心をさらに上方にあげること，③着手期後半で，広背筋による腕の後方への押し動作を行い，重心を前方に押し進めることの 3 要因の重要性を指摘している。その上で，小久保（1981）の練習方法はこれら 3 つの要因を身に付けるための段階を含み妥当性のあること，とりわけ「3 段差」の練習が 3 要因を

第8章 器械運動系の領域の授業づくり

図8-1 「開脚跳び」の段階指導例

出典：小久保（1981）より。

含む有効な部分練習であることを報告している。

取り組むべき技が決定したとき，それに向かう活動として，こうした練習活動の工夫を展開していくことが教師に求められる。

図8-2 器械・器具の工夫例

出典：高橋ほか（2009）より。

（2）器械・器具の工夫

児童にとって，これまで経験したことのない技に挑戦し，その獲得を図ることは決して容易なことではない。恐怖心などの心理面での不安が学習意欲を減退させることもある。このようなとき，上記練習活動の工夫と同様，その技の獲得に必要な技術を身に付けることを容易にさせる器械・器具の工夫が効果的である。図8-2は，逆上がり運動に使う器械・器具の例である。左側は跳び箱と踏み切り板を，右側は補助器を使った例である（高橋ほか，2009）。

（3）資料・学習カードの活用

器械運動系の授業では，とりわけ，中・高学年になると各種の技の獲得が学習の中心になる。児童が効率よく技を獲得するために，学習資料の活用は重要になってくる。図8-3は，跳び箱の開脚跳び運動に活用する資料の例である。

図8-3 開脚跳びのカード（資料）の例
出典：筆者作成。

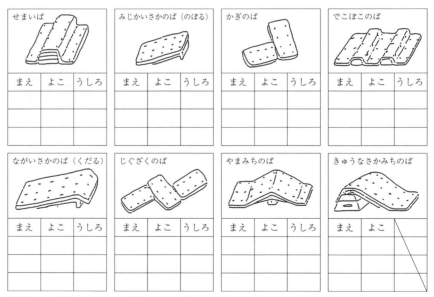

◎5かい まわれたら しいるを 1つ はろう。
図8-4 マット遊びの学習カードの例
出典：筆者作成。

　開脚跳び運動が時系列に分解図として記され，重要な運動局面では動きのポイントが記されている。こうした資料により，児童が取り組む運動の技術的ポイ

ントを知ることだけでなく，友達同士で互いの様子を伝え合うためにも役立つ。
　図8-4は，学習カードの一例である。低学年のマット遊びで使われるカードである。学習カードは児童からすると学びの進歩を知る，教師との意思疎通のツールとなるなど，様々な効果が考えられる。低学年では文章で書かせるよりもシールを貼る，色をぬるといった方法が効果的である。図8-4は，挑戦した場で決められた回数ができればシールを貼るものである。どんどんシールが増えていくことが，児童の運動に対する欲求を喚起する。このとき，毎時シールの色を変えることによって，教師からするとその児童の学習の進み具合を知ることが容易になり，評価にも役立てることができる。

(4) ICTの活用

　器械運動系の学習においては，イメージビデオやタブレット端末およびデジタルカメラの活用があげられる。前者は技（目指す姿）のイメージを理解することにおいて，後者は自らの課題や進歩を理解することにおいて，それぞれ有効なツールになりうるものである。
　これまで述べてきた，練習活動や器械・器具の工夫，資料や学習カードおよびICTの活用を，取り組む技や発達段階に応じて積極的に展開することは，運動に対する児童の自立解決能力を高めることにつながっていく。

④　器械運動領域の授業実践例

(1)「跳び箱運動」の指導を考える

　本節では，体育科の学習指導案（学習指導案の作成）について，第5学年の「器械運動」領域の「跳び箱運動」の具体例を示す。
　第5学年における跳び箱運動のねらい，進め方について考えていきたい。子どもたちにとって跳び箱運動の楽しさを感じるときはどんなときだろうか。概ね「いままでできなかった跳び越し方で跳び越せるようになったとき」「いままで跳び越せなかった高さや距離の跳び箱を跳び越せるようになったとき」，

また「体操選手のようにダイナミックな動きで跳び越せるようになったとき」等である。とりわけ，「いままでできなかった跳び越し方で跳び越せるようになったとき」に楽しさを感じることが多い。
　そこで，本単元は回転系の技の基礎となる「台上前転」の習熟を図ること，「台上前転」の発展技として「首はね跳び（ネックスプリング）」や「頭はね跳び（ヘッドスプリング）」の獲得を目指すという流れで学習を進めていきたいと考えた。具体的には１単位時間を基本学習と発展学習に分け，単元前半の基本学習では「台上前転」の習熟を目指し，発展学習では「はねる」（背中をそらす）動作の獲得を目指すこととした。そして，単元後半の基本学習では「はねる」（背中をそらす）動作の習熟を目指し，発展学習では「首はね跳び（ネックスプリング）」や「頭はね跳び（ヘッドスプリング）」の獲得に挑戦するという展開にした。また，単元を通して「基礎学習」の時間を設け，技の獲得に寄与する運動を取り入れ「感覚づくり」を大切にしたいと考えた。
　上記の学習過程の中で，子どもたちが取り組もうとしている技の様子やポイントがわかるような学習資料を用意する。具体的には，動きの分解図が載った学習カードや技の様子が収録されたイメージビデオを用意し，子どもたちが必要に応じて使用できるようにしておく。さらに，安全面への配慮から，「首はね跳び（ネックスプリング）」や「頭はね跳び（ヘッドスプリング）」の獲得に挑戦するときには「練習の場」の場づくりを行う。「練習の場」は子どもたちの恐怖心を除去することと，けがなく安全に活動を進めていく上で大切である。学習が進めば場づくりを考えることも課題解決に向けた工夫になる。
　いうまでもなく，子どもたちの課題解決には，教師による個別の関わりが大事になってくる。学習の進め方がわかっているか，安全な活動になっているか，どこでつまずいているのか等を観察しながら適宜，必要に応じて助言を行っていかなければならない。また，子どもたちが互いの様子に目を向け，励まし合ったり，協力して場づくりをしたりすることも大切である。そのような活動になるべく声かけをしていくことも大事な支援となる。
　次項では，ここまで述べてきたことを踏まえた学習指導案を示していく。

（2）「跳び箱運動」の指導案例

体育科学習指導案

指導者　○○　○○

1．日　　時　　平成○年○月○日
2．学年・組　　第5学年1組（在籍30人）
3．単　　元　　跳び箱運動
4．単元の目標
- 自分の能力に合ったスプリング系の技を選び，安定した跳び方で技をすることができる。（知識及び技能）
- 自分の能力に合った場を選んだり，工夫して練習をしたりすること，また，友達と教え合うことができる。（思考力，判断力，表現力等）
- 友達と協力し，場や周囲の安全に気を付けながら跳び箱運動をすることができる。（学びに向かう力，態度等）
5．指導計画（全6時間）

時間	1	2	③	4	5	6
学習活動	○オリエンテーション ・学習の進め方を知る。 ・めあてのもち方，基礎学習のポイントを理解する。	基礎学習（感覚づくり） ①馬跳び30秒　②手足走り　③手押し車　④大股歩き前転 ⑤かえるの足うち　⑥3点倒立　⑦倒立ブリッジ					
^	^	〈基本〉 台上前転 ひざ伸ばし台上前転 〈発展〉 はね動作の練習 （ステージで） ネックスプリング （跳び箱連結，横，縦）		〈基本〉 はね動作の習熟（ステージ） ネックスプリング，ヘッドスプリング 〈発展〉 スプリング系の技の挑戦学習		
^	^	^	^	^	^	まとめ

6．単元について
〈教材観〉
　跳び箱運動は，「縦・横・高さを持った物的障害に対していろいろな跳び越し方で挑戦し，障害を克服することを楽しむ運動である」と捉えることができる。この運動は，助走・踏み切り・着手・空中動作・着地から成っている。これらの要素は関連し合いながら，そのひとつひとつにも工夫のしどころがある。したがって，これらの要素を工夫し「どうすれば高い跳び箱が跳び越せるか」「どうすれば新しい技（跳び越し方）を手

に入れられるか」という課題を解決していくことが学習の中心となる。跳び越し方には技術的な系統性が存在するのでその点についての理解も必要である。今回の内容についてみれば，台上前転―ひざ伸ばし台上前転―ばね動作の練習―ネックスプリング―ヘッドスプリングとなる。

　跳び箱運動は「一人ひとりが自分の決めためあてに自分なりの方法で挑戦する」というスタイルをとるため，個人的スポーツと捉えることができる。しかし，仲間とともに挑戦し，助け合ったり，努力やできばえを認め合ったりする中で行うことができれば，よりいっそう楽しい学習になる。よって，互いのがんばりを認め合い，気持ちよく学習するためのルールやマナーについて考えながら取り組むことも大切な学習内容となる。

〈児童観〉

　本学級の子どもたちは，クラス替えを終えた直後であり，子どもたちの実態を十分把握するまでには至っていない。5年生になって初めて行った「100ｍ×人数リレー」の単元では，走力の個人差は比較的大きかったが，意欲の面では，走力に自信のある子もない子も力いっぱいがんばっていた。また，チームで相談したり，励ましあったりするなど，人間関係の面でもある程度学習できていることをうかがわせている。しかし，バトンの受け渡し等の技術的な面では，不十分な子どもがほとんどだった。

　跳び箱の学習については，事前の調査の段階では，開脚跳びについては，横にした跳び箱では全員が跳び越せるが，縦にした場合は苦手としている子どもが数人いるようである。大多数の子どもは，「かかえこみ跳び」「台上前転」「あおむけ跳び」等の跳び越し方のイメージを持っており，それらの技に対して積極的にチャレンジしてきたようである。中には，ネックスプリングやヘッドスプリングに取り組んできた子もいるようである。そのためか，5年生の跳び箱運動でがんばってみたいこととしては，「台上前転ができるようになりたい。」「ネックスプリングができるようになりたい。」「ヘッドスプリングができるようになりたい。」を中心とする回転系の技を獲得したいと願っている子どもたちが多くみられる。

〈指導観〉

　本単元では，ネックスプリング，ヘッドスプリングの獲得に向けて，基本学習と発展学習を設定し，子どもたちが無理なく技の獲得につながる学習過程を取り入れた。単元の前半は，基本学習では台上前転とひざ伸ばし台上前転の習熟を図り，発展学習でははね動作の練習に費やす。単元の後半は，基本学習でははね動作の習熟を図り，発展学習ではネックスプリング，ヘッドスプリングの獲得・習熟を目指すという流れである。単元前半の発展学習を単元後半の基本学習とすることで，単元前後のつながりを円滑に進められると考えた。また，単元を通して基礎学習として様々な運動を設定し，跳び箱運動に必要な感覚づくりを行うこととした。

第8章　器械運動系の領域の授業づくり

　1時間目は，本単元の学習課題と学習の進め方を明確にする。また，基礎学習のポイントを理解する。2・3時間目，4・5・6時間目は，基礎学習―基本学習―発展学習という流れで進める。特に，4・5・6時間目め発展学習では，ネックスプリング，ヘッドスプリングが獲得できた子どもはハンドスプリングへの挑戦を認める。逆に，基本学習が不十分な子どもは，基本学習を再度行うことを認める。こうした柔軟な対応によって，一人ひとりの思いや能力に応じた学習を進めていきたい。

　また，子どもたちがめあての自立解決を図るために，学習資料（動きの分解図とイメージビデオ）を用いたり，着地地点にウレタンマットを使用したり，跳び箱の上や両サイドにマットを敷いたりといった場の工夫をする。さらに生活グループでの準備・後かたづけの活動や，活動のルールをそれぞれが自主的に行うことも大切にし，子どもたちに意識させていきたいと考える。

7．本時（全6時間中の第3時）
　(1) 本時の目標
　　　めあてをしっかりと理解し，みんなと力いっぱい挑戦して跳び箱運動を行う。
　(2) 本時の展開

	学習活動	指導上の留意点・支援（＊評価の観点）
はじめ 10分	・生活グループで分担して，場の準備をする。 ・準備運動，ストレッチをする。 ○基礎学習（感覚づくり） ①馬跳び　②手足走り　③手押し車 ④大股歩き前転　⑤かえるの足うち ⑥3点倒立　⑦倒立ブリッジ	・場づくりをグループで協力して行っているか，安全な場づくりになっているか確かめ，危険なことがあれば子どもたちに直させる。 ・テンポよく跳べるように声をかける。① ・徐々に倒立の形に近づける。⑥ ・足は前後に開くと足をつきやすい。⑦
	○基本学習 ・ねらいを確かめる。 　ひざの伸びを意識しながら腰角度の大きな台上前転を作ろう 〈活動例〉 　①台上前転 　②ひざ伸ばし台上前転 　③ステージでの前転おり 　④ステージでのひざ伸ばしおり 　⑤ネックスプリングおり 　　上記スモールステップの①か②の習熟を図る。	・めあてや教師からのアドバイス等の書かれた学習カードを読ませてしっかりと確認させる。 ・台上前転のポイント（跳び箱の手前に着手，首の後ろをつける，まっすぐ回る，おしりをつけない）を意識させる。 ・きまりを守って活動しているかを観察する。 ・めあてを達成するための工夫のしどころをなかなか見つけられない子どもには，学習資料をもう一度見させたり，仲間の跳び越し方を見させたりする。 ・3回続けてできれば次へステップアップする。今までできていたことができなくなったらフィードバックする。 ・めあてがなかなか達成できずに意欲をなく

なか 27分	○発展学習 ・ねらいを確かめ、自分の挑戦の仕方を確認する。 　　足を振り出し胸をそらせて大きなはねおりを作りあげよう 〈活動例〉 　③ステージでの前転おり 　④ステージでのひざ伸ばしおり 　⑤ネックスプリングおり 　⑥連続跳び箱でのネックスプリング 　⑦手前が低い連結跳び箱でネックスプリング 　⑧１台でネックスプリング） 　上記スモールステップの③〜⑤の習熟を図る。	しかけていると思われる子どもがいれば、技術的なアドバイスも含めて助言し、励ます。 ・発展学習の活動時間は、あらかじめ全員に伝えておき、その時刻に集合させ、ねらいと活動内容を、一人ひとりに確認させる。 ・ウレタンマット等は、その場で一緒に挑戦しようとする仲間で協力して準備させるが、子どもたちだけで、できないと判断した時は手伝う。また作られた場の安全確認をし、危険な場合は子どもたちに直させる。 ・無理な場で活動している子どもがいないか確認し、もしいれば助言し、場を変えさせる。 ・めあての跳び方でうまく跳び越せた子どもがいればその場でほめる。 ・学習資料だけで、自分の工夫のしどころをなかなか見つけられない子どもには、うまくできる子どもの演示を見させたり、助言したりする。 （＊自らの課題を解決するために、資料を活用したり、友だちとアドバイスし合ったり、場を工夫したりしながら活動に取り組むことができる。）
まとめ 8分	・自らのできばえや工夫したことを振り返る。 ・学習カードに自己評価等を書き込む。 ・グループで協力して後かたづけをする。	・個々のめあての達成感を確認させ、工夫できたことやうまくいったことがあれば発表させる。 ・最後までグループで協力してできているか確認し、できていない子どもがいれば、注意をする。

(3) 活動の場

「基本学習」の場づくり

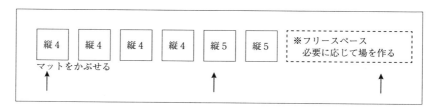

118

「発展学習」の場づくり

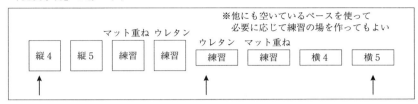

引用文献

小久保昇治(1981)「みんなが跳び越せる跳び箱の段階指導」『現代教育科学』第24巻9号,39〜46頁。

高橋健夫・藤井喜一・松本格之祐(2009)『新しい鉄棒運動の授業づくり』(『体育科教育別冊22』)大修館書店。

辻野昭・梅野圭史(1995)「課題解決的学習の授業」阪田尚彦ほか編『学校体育授業事典』大修館書店,697〜701頁。

久本佳己・後藤幸弘・辻野昭(1986)「器械運動の学習指導に関する基礎的研究──腕立て開脚跳び越し(跳び箱運動)の習得過程の分析」『日本教科教育学会誌』第11巻1号,25〜32頁。

文部科学省(2017)「小学校学習指導要領解説体育編」。

学習の課題

(1) 器械運動領域の特性と構成,学習指導の要点についてまとめてみよう。
(2) 器械運動領域の内容について概略を記すとともに,それについての自分の考えを述べてみよう。
(3) 器械運動領域の学習成果を高めるための「練習活動の工夫」「器械・器具の工夫」について,具体的な技を取り上げ例示しよう(本文に例示されている技以外の技を取り上げ,記すこと)。

【さらに学びたい人のための図書】

金子明友・朝岡正雄編著(2007)『運動学講義[13版]』大修館書店。
　⇨「運動とは何か」について,分類や構造など,様々な視点からまとめられている。運動学についてのバイブル的な本である。

近藤智靖ほか(2015)『体育科教育』第63巻11号,大修館書店。
　⇨「改訂期の授業づくりでいま,何が,どう問題か」をテーマにこれからの器械運動の授業づくりについての課題,効果的な学習を進めるための方向性について,特集を組んで述べられている。

(山口孝治)

第9章　陸上運動系の領域の授業づくり

この章で学ぶこと

「走る」「跳ぶ」など，幼児期から日常の中で行われている基本的な動きをもとに，低学年の遊びから高学年の陸上運動まで，走・跳のいろいろな動きを体験したり，相手と競ったり，チームで協力して競争したり，記録に挑戦したりして，自分の課題を見つけ，考え，楽しむ運動領域である。また，全力を出し切れる領域でもあり，運動後の爽快感や体の変化を味わえる領域でもある。

ここでは，これらの運動の特性と発達段階に応じての学習活動の工夫や授業づくり等を学ぶ。

1　陸上運動系の特性および構成

（1）陸上運動系の特性

陸上運動系は，「走る」「跳ぶ」などの運動で構成され，自己の能力に適した課題や記録に挑戦したり，競走（争）したりする楽しさや喜びを味わうことのできる運動である。以下，「小学校学習指導要領解説体育編」より，領域の構成および学習指導の要点についてみていくこととする。

（2）陸上運動系領域の内容構成

表9-1は，陸上運動系領域の内容構成を示したものである。

陸上運動系の領域の内容として，低学年は「走・跳の運動遊び」，中学年は「走・跳の運動」，高学年は「陸上運動」で構成している。

走・跳の運動遊びは，「走の運動遊び」および「跳の運動遊び」で構成されている。

第 9 章　陸上運動系の領域の授業づくり

表 9-1　陸上運動系領域の内容構成

低学年	中学年	高学年
走・跳の運動遊び	走・跳の運動	陸上運動
走の運動遊び	かけっこ・リレー	短距離走・リレー
	小型ハードル走	ハードル走
跳の運動遊び	幅跳び	走り幅跳び
	高跳び	走り高跳び
※投の運動遊び	※投の運動	※投

※内容の取扱いに加えることが可能。
出典：文部科学省（2017）12，176頁より。

　走・跳の運動は，「かけっこ・リレー」「小型ハードル走」「幅跳び」および「高跳び」で内容を構成している。これらの運動は，走る・跳ぶなどについて，友達と競い合う楽しさや，調子よく走ったり跳んだりする心地よさを味わうことができ，また，体を巧みに操作しながら走る，跳ぶなどの様々な動きを身に付けることを含んでいる運動である。

　陸上運動は，「短距離走・リレー」「ハードル走」「走り幅跳び」および「走り高跳び」で内容を構成している。これらの運動は，走る，跳ぶなどの運動で，体を巧みに操作しながら，合理的で心地よい動きを身に付けるとともに，仲間と速さや高さ，距離を競い合ったり，自己の課題の解決の仕方や記録への挑戦の仕方を工夫したりする楽しさや喜びを味わうことのできる運動である。

　なお，児童の投能力の低下傾向が引き続き深刻な現状にあることに鑑み，遠投能力の向上を意図し，学習指導要領の「内容の取扱い」では「投の運動（遊び）」を加えて扱うことができることになっている。遠くに力一杯投げることに指導の主眼を置き，投の粗形態の獲得とそれを用いた遠投能力の向上を図ることが主な指導内容となっている。

（3）陸上運動系領域の学習指導の要点

　走・跳の運動遊びおよび走・跳の運動の学習指導では，走ったり跳んだりする動き自体のおもしろさや心地よさを引き出す指導を基本にしながら，体力や

技能の程度にかかわらず競走（争）に勝つことができたり，勝敗を受け入れたりするなどして，意欲的に運動に取り組むことができるように，楽しい活動の仕方や場を工夫することが大切である。

　陸上運動の学習指導では，合理的な運動の行い方を大切にしながら競走（争）や記録の達成を目指す学習活動が中心となるが，競走（争）では勝敗が伴うことから，できるだけ多くの児童に勝つ機会が与えられるように指導を工夫するとともに，その結果を受け入れることができるよう指導することが大切である。

　一方，記録を達成する学習活動では，自己の能力に適した課題をもち，適切な運動の行い方を知り，記録を高めることができるようにすることが大切である。

　また，陸上運動系の領域では，最後まで全力で走ることや思い切り地面を蹴って踏み切るなど，体全体を大きく，素早く，力強く動かす経験をすることやそれらをできるようにすることも大切である。

2　陸上運動系領域の内容

（1）知識及び技能

　表9-2は，陸上運動系の領域の学習で必要な知識及び技能を，発達段階ごとに示したものである。

　低学年から高学年にかけて，走・跳の「遊び」から陸上競技につながる陸上運動の技能面へとつなげていっていることがわかる。表中における「行い方を知る」とは，遊びや練習の方法や決まり，用具の使い方，場の安全等，遊びや運動の行い方を知ることである。

　さらに，表9-3は，陸上運動領域で取り上げられている低学年の「走・跳の運動遊び」から高学年の「陸上運動」において扱う内容を発達段階ごとに整理したものである。

　いずれの内容も，低学年の遊び（走・跳のいろいろな動きの体験）―中学年の基本的な運動―高学年の陸上運動，そして続く中学校体育での陸上競技へつな

第9章　陸上運動系の領域の授業づくり

表9-2　陸上運動領域で取り上げられている「知識及び技能」

低学年	中学年	高学年
次の運動の楽しさに触れ，その行い方を知るとともに，その動きを身に付けること ア　走の運動遊びでは，いろいろな方向に走ったり，低い障害物を乗り越えたりすること イ　跳の運動遊びでは，前方や上方に跳んだり，連続して跳んだりすること	次の運動の楽しさや喜びに触れ，その行い方を知るとともに，その動きを身に付けること ア　かけっこ・リレーでは，調子よく走ったりバトンの受け渡しをすること イ　小型ハードル走では，小型ハードルを調子よく走り越えること ウ　幅跳びでは，短い助走から踏み切って跳ぶこと エ　高跳びでは，短い助走から踏み切って跳ぶこと	次の運動の楽しさや喜びを味わい，その行い方を理解するとともに，その技能を身に付けること ア　短距離・リレーでは，一定の距離を全力で走ったり，滑らかなバトンの受け渡しをしたりすること イ　ハードル走では，ハードルをリズミカルに走り越えること ウ　走り幅跳びでは，リズミカルな助走から踏み切って跳ぶこと エ　走り高跳びでは，リズミカルな助走から踏み切って跳ぶこと

出典：文部科学省（2017）51，87，129頁より。

がるように順に系統的に配列されていることがわかる。

　走の運動では，「走の遊び」から「かけっこ・リレー」系と「ハードル走」系に発展し，跳の運動では，「跳の遊び」から「幅跳び」系と「高跳び」系に発展していくことがわかる。

　児童の言葉で「走」の特有のおもしろさは，「びゅーん」と風を切って走る楽しさ，そう快感であり，「跳」の特有のおもしろさは，「ふわっ」と遠くへ，または高く跳ぶ（体が浮く）楽しさ，心地よさである（田中，2012，56頁）。

　「走る・跳ぶ」という身体運動は，幼児期から行われる根本的な動きであり，とくに，低学年では人や動物が自由に草原や森を駆け抜け，小川や木の根を跳び越えることをイメージしながら，様々な走・跳の運動体験を大切にしたい。

　「リレーやハードル走」では，「走」のそう快さである全力のスピードをできる限り落とさない「バトンパス」や「障害を越える技能や調子よさ」が求められ，それらが課題の中心ともなる。

　これら特有のおもしろさを失わないような練習の場を工夫したり，児童が自ら課題を考え，学ぶことが必要である。

123

表9-3 陸上運動系領域で取り上げられている「知識及び技能」

低学年	中学年	高学年
走・跳の運動遊び	走・跳の運動	陸上運動
走の運動遊び ○30〜40m程度のかけっこ ・いろいろな形状の線上等を真っ直ぐに走ったり，蛇行して走ったりする ○折り返しリレー遊び，低い障害物を使ってのリレー遊び ・相手の手の平にタッチをしたり，バトンの受渡しをしたりして走る ・いろいろな間隔に並べられた低い障害物を走り越える	かけっこ・リレー ○30〜50m程度のかけっこ ・いろいろな走り出しの姿勢から，素早く走り始める ・真っ直ぐ前を見て，腕を前後に大きく振って走る ○周回リレー ・走りながら，タイミングよくバトンの受渡しをする ・コーナーの内側に体を軽く傾けて走る	短距離走・リレー ○40〜60m程度の短距離走 ・スタンディングスタートから，素早く走り始める ・体を軽く前傾させて全力で走る ○いろいろな距離でのリレー（一人が走る距離10〜60m程度） ・テークオーバーゾーン内で，減速の少ないバトンの受渡しをする
↑	小型ハードル走 ○いろいろなリズムでの小型ハードル走 ・インターバルの距離や小型ハードルの高さに応じたいろいろなリズムで小型ハードルを走り越える ○30〜40m程度の小型ハードル走 ・一定の間隔に並べられた小型ハードルを一定のリズムで走り越える	ハードル走 ○40〜50m程度のハードル走 ・第1ハードルを決めた足で踏み切って走り越える ・スタートから最後まで，体のバランスをとりながら真っ直ぐ走る ・インターバルを3歩または5歩で走る
跳の運動遊び ○幅跳び遊び ・助走を付けて片足でしっかり地面を蹴って前方に跳ぶ ○ケンパー跳び遊び ・片足や両足で，いろいろな間隔に並べられた輪等を連続して前方に跳ぶ ○ゴム跳び遊び ・助走を付けて片足でしっかり地面を蹴って上方に跳ぶ ・片足や両足で連続して上方に跳ぶ	幅跳び ○短い助走からの幅跳び ・5〜7歩程度の助走から踏切り足を決めて前方に強く踏み切り，遠くへ跳ぶ ・膝を柔らかく曲げて，両足で着地する	走り幅跳び ○リズミカルな助走からの走り幅跳び ・7〜9歩程度のリズミカルな助走をする ・幅30〜40cm程度の踏み切りゾーンで力強く踏み切る ・かがみ跳びから両足で着地する
↑	高跳び ○短い助走からの高跳び ・3〜5歩程度の短い助走から踏切り足を決めて上方に強く踏み切り，高く跳ぶ ・膝を柔らかく曲げて，足から着地する	走り高跳び ○リズミカルな助走からの走り高跳び ・5〜7歩程度のリズミカルな助走をする ・上体を起こして力強く踏み切る ・はさみ跳びで，足から着地する

出典：文部科学省（2017）176頁より。

（2）思考力，判断力，表現力等

表9-4は，陸上運動系の領域の学習で必要な思考力，判断力，表現力等の具体を，発達段階ごとに示したものである。

表9-4　陸上運動系領域で取り上げられている「思考力，判断力，表現力等」

低学年	中学年	高学年
走ったり跳んだりする簡単な遊び方を工夫するとともに，考えたことを友達に伝える	自己の能力に適した課題を見付け，動きを身に付けるための活動や競争の仕方を工夫するとともに，考えたことを友達に伝える	自己の能力に適した課題の解決の仕方，競争や記録への挑戦の仕方を工夫するとともに，自己や仲間の考えたことを他者に伝える

出典：文部科学省（2017）182頁より。

その内容は，大きく2つの観点から述べられている。一つは運動に取り組む際の課題の解決に向かう活動の工夫に関するものであり，もう一つは，課題解決に向かう活動を通して感じたこと，考えたことを友達に伝えることである。陸上運動系の学習は，ボール運動のように他者の動きに合わせて自己の動きが決まるような教材に比べると，自己の感覚や動きで運動の仕方が決まる運動であり，運動局面が明確なため局面ごとの動きを分析することによって自らの課題が明確になりやすい。しかしながら，動きのスピードが速いために自分の感覚ではわかりにくいところがあり，友達同士での観察や評価をし合うことが重要になってくる。授業では，楽しく選手とコーチの役割を味わわせたい。

「思考力，判断力，表現力等」の観点を児童の姿で表すと，たとえば，高学年の「ハードル走」においては，「学習資料や上手な友達の跳び方から，ハードルを素早く跳ぶポイントを見つけました。また，同じようなフォームの友達に，気づいたことを話しました」というようなものになる。

（3）学びに向かう力，人間性等

表9-5は，陸上運動系の領域の学習で求められる学びに向かう力，人間性等の内容を，発達段階ごとに示したものである。

陸上運動系の領域の学習は，他の運動領域と比べて勝敗が明らかになり，自

表9-5 陸上運動領域で取り上げられている「学びに向かう力,人間性等」

低学年	中学年	高学年
・運動遊びに進んで取り組む ・順番やきまりを守り誰とでも仲よく運動をする ・勝敗を受け入れる ・場の安全に気を付ける	・運動に進んで取り組む ・きまりを守り誰とでも仲よく運動をする ・勝敗を受け入れる ・友達の考えを認める ・場や用具の安全に気を付ける	・運動に積極的に取り組む ・約束を守り助け合って運動をする ・勝敗を受け入れる ・仲間の考えや取組を認める ・場や用具の安全に気を配る

出典:文部科学省(2017)184頁より。

己の能力が明らかになるところが多く,自己の能力についての課題や競走等の勝敗を受け入れたり,仲間を応援したりすることが重要になってくる。

「学びに向かう力,人間性等」を児童の姿で表すと,中学年の「かけっこ・リレー」を例にすれば,「リレー競争のときは,順番を待つ場所に座り,同じチームの友達に大きな声で応援することができました」というものになる。

また,中学年からは,審判をしたり,高学年では記録を測定したりすることで,運動の行い方を理解するとともに運動への関わりを深める。

陸上運動系領域は,広い場所を全力で走ったり,跳んだりすることから,準備運動不足であったり友達や用具にぶつかったりして,けがが起きやすい領域である。十分な準備運動や安全な場づくり,走る方向や試技の順番を守るなど,学習を通して規律や安全面への意識を高めていくことが求められる。

3 学習成果を高める陸上運動系の授業づくり

(1) 発達段階と授業づくりの視点

筆者は「三つ子の魂,百まで」をもじり「三つの学年,百まで」と唱えている。これらの言葉は,どちらも基礎・基本の大切さ,やり始めの動きや知識の大切さを表したものである。とくに低学年から中学年にかけての授業づくりは,様々な動きの体験や技能の習得に配慮が必要である。その一つに,踏切足の決定がある。とくに,中学校段階のハードル走において,踏切足が逆であるためにつまずく生徒が見受けられることがある。日常の動きから,児童に合った踏

切足を見つけるのも大切な視点の一つだと考える。

　また，走運動において，岩田（2015）は，次のように述べている。

　　「現実の子どものたちの動きの姿を眺めてきた経験の中で強く感じていることは，『跳ねる』ことが苦手な子どもたちが少なくないことである。（中略）『ベタ走り』と俗称される，足の裏全体を叩きつけたような走り方が潜在しているのかもしれない。（中略）『跳ねることができる身体づくり』が1つのキーワードに掲げられてもおかしくないであろう」（112頁）。

　筆者においても，様々な跳躍運動の必要性は，とくに感じるところである。

　ここでは，発達段階を踏まえた授業づくり全般のポイントを述べる。

　低学年児童の特徴の一つは，思考と活動が未分化でそれらが直結しているといったところにある。感じたらすぐに動くといったように「考えること」と「動くこと」が同時進行するのが，この頃の子どもたちである。したがって，動きたくなるような音響や色彩といった場の設定にも配慮や工夫が必要である。また，様々な運動遊びの経験から，運動への肯定的な態度や順番を守る等のルールや，日常生活では体験しにくい多様な動きを身に付ける時期でもある。低学年の体育の学習指導では，このような児童の発達の特徴に応じて，何よりも「①易しい運動遊びを通して運動の楽しさに触れること」が大切である。様々な易しい運動遊びに夢中になって取り組む中で，運動の特性や魅力をしっかりと感じとったり，運動への肯定的な態度が育ったり，結果として体力の向上につながるからである。また，児童が「②進んで自分たちの活動の行い方を工夫することができる」ようになったり，「③運動を楽しく行う中で体の基本的な動きや各種の運動の基礎となる動きを身に付けたりすること」も，生涯にわたって運動に親しむ資質や能力を育てるスタートの段階として必要なことである。低学年の授業づくりでは，これら①②③についてとくに配慮する必要がある。

　中学年の児童はギャングエイジと呼ばれる，同年齢の閉鎖的な集団をつくって遊ぶことが多くなる時期である。また，自我が強く芽生え，友達との競い合い自体を楽しめる時期でもある。さらに，低学年の児童に比べてスムーズな動きや複雑な動きができだしたり，思考と活動の分化が進み自分の動きを意識し

たり，他の動きを模倣したりすることもでき始める。中学年の体育の学習指導では，このような「①児童の発達の段階に応じて，運動を楽しくまた意欲的にできるようにする」とともに，「②進んで活動を振り返り，自らの力に応じて活動を工夫して運動の楽しさを広げることができる」ようになったり，「③運動を楽しく行う中で各種の運動の基礎となる感覚を育みつつ，基本的な動きや技能を身に付けること」が必要である。学習集団の中で，自ら活動を振り返ることが，運動の特性や魅力に応じて，身体能力を身に付けることにもつながるからである。また，「④最後まで努力して運動をする態度を育てるとともに，様々な競い合いから勝ち負けに対する態度も意識させつつ，日常の生活にもそうした態度を生かしていく」ように指導することも大切なことである。中学年の学習指導では，これら①②③④についてとくに配慮する必要がある。

　高学年の児童は，ある程度物事について距離をおいて考えたり，理解できるようになる。また，自分のことも客観的に捉えられるようになるとともに，知的な活動も活発になってくる。一方で，身体も大きく成長し，自己肯定感をもち始めたり，逆に劣等感をもったりもし，思春期特有の傾向が表れ出す。集団活動では，ルールや役割を大切にして，みんなのまとまりをつくることができるようにもなる。高学年の体育の指導では，このような児童の発達の段階に応じて，運動の楽しさや喜びを味わうことができるよう，「①進んで考え活動を工夫してこれらを広げたり深めたりする」とともに「②各種の基本的な技能をしっかりと身に付け，失敗しても何回でも取り組みたいとかやり続けたいと思ったりする，運動に対しての自己肯定感を育てる」ことが大切である。また，「③他者の能力についての配慮をしつつ，他者とも協力しながら，自己の最善を尽くして運動をする態度を育てる」ことも大切なことである。高学年の指導では，これら①②③についてとくに配慮する必要がある。

（2）系統的な視点での授業づくりの工夫

　陸上運動は，運動局面が比較的明らかであるために，分習から全体を完成させるような傾向になりがちでもある。しかしながら授業においては，一つひと

つの局面のつながりを意識できるような運動を組み立てることが効果的である。たとえば，跳の運動では，助走・踏切準備・踏切・空中姿勢・着地という局面ではあるが，それぞれの動きは単独で成立していないところから，全体の動きを意識させた運動を考えていきたい。

また，いまの動き（活動）の系統性や順次性を意識して，高学年さらには中学校の陸上競技のどんなところにどのようにつながっていくのかをイメージしながら授業づくりをしていきたい。

（3）活動の場の工夫

たとえば，跳の運動でみてみると，低学年の「グリコジャンケン」（図9-1）では，ゲーム性の中に，踏切動作，連続跳躍での動きやバランス，膝を柔らかくした両足着地が身に付く運動である。また，一定の距離を何歩で跳ぶかというところに挑戦させれば，踏切足や手足のバランスや着地の姿勢等に着目して，児童が主体的に考えるきっかけにもなる。それらの経験や動きが，中学年の幅跳びの一連の動きやハードル走の踏切動作につながる動きとなっていくのである。

技能全体の系統性やつながりを理解しながら，それぞれの運動の場や仕方を

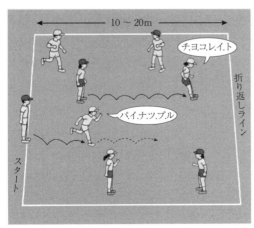

◎ゲームの行い方
- 2人組みになり，スタートラインでじゃんけんをする。
- 勝った子が，勝った「けん」の種類に応じて「大股走」で文字数分進む。
- 一定の距離を折り返し，折り返しラインまで行ったら1点，スタートラインに戻ったら2点と点数を加えていく。
- 一定時間内でたくさん点数をとれた子の勝ち。

図9-1　グリコジャンケン

出典：清水（2008）20頁より。

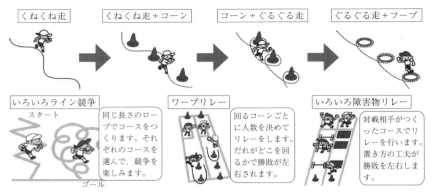

図 9-2 低学年の走運動の遊び

出典：文部科学省（2011）低学年，26頁より。

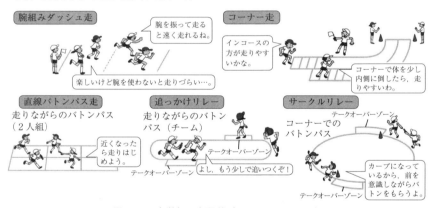

図 9-3 中学年の走運動（かけっこ・リレー）

出典：文部科学省（2011）中学年，25頁より。

工夫し，授業を展開していくことが重要である。

図 9-2・図 9-3 は走運動の「場の工夫」例を表したものである。「場の工夫」により，楽しみながら動きが身に付くことがわかる。

（4）活動の仕方の工夫

同じような活動であっても，活動の仕方や指導者の視点により，競争や活動がより楽しくなるようになる。たとえば，長座，後ろ向き，うつ伏せ，仰向け，

第9章　陸上運動系の領域の授業づくり

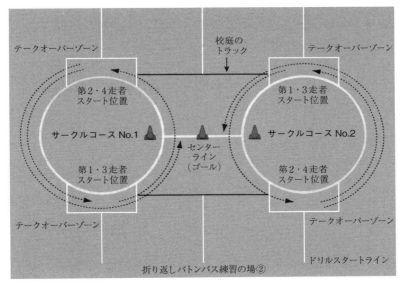

図9-4　2サークルリレー
出典：竹内（2015）73頁より。

腕立て伏せの姿勢からスタートするといった「いろいろな姿勢からのスタート（変形スタート）」で競走させることで，勝てるかもしれないという思いから，楽しく競走したり，自分に合ったスタートの動きを考えることにつながる。

また，図9-3にある中学年のサークルリレーのような場の設定は，コーナーの走り方を習得するのに最適な場に加えて，カーブの必然性から前を向いてのバトンパスやスピードを落とさないためのテークオーバーゾーンの活用，受け渡しの際の手の使い方等，効率の良いバトンパスを考えさせるのに向いている。さらに，竹内（2015）は，それらを発展させ，2チームがそれぞれ別のコースでリレーを行い，ゴールが出合うような2サークルリレー（図9-4）を考案するとともにその意図を次のように述べている。

　「バトンをつないでチームが1つになることができるリレー。周りから歓声も上がって楽しそうに見える。ただし，同じトラックで複数のチームが一斉に競争するような形式であれば，抜きつ抜かれつの緊迫感が生まれ

131

るものの，それは苦手な子，走力の弱い子どもにとっては，この上ない苦痛の場となる。（中略）リレーでは，チームの記録達成（記録の短縮）をめざしていく楽しさ，また他のチームと競争する楽しさを味わっていくことが可能であるが，苦手な子どももみんな，授業に参加できるようにしていく工夫が大切なポイントになる」(72頁)。

　このように速さを競うだけではなく，走力が弱い児童も競争する楽しさを味わう工夫がある。また，個人の課題追求が増すように，自分の走力に合ったところからスタートして，8秒間でゴールする「8秒間走」の考え方も，運動の仕方の工夫として掲げられるものである。

　陸上運動系の内容では，リレーを除けばすべてが個人で完結するものがほとんどである。これらの学習の中では，仲間との「支え合い」や「関わり合う」活動が難しくなり気味である。そこで，個人の記録を得点化し，得点の合計をグループで競争したり，グループの合計点の目標を設定して，それの達成に向けて活動したりすることで，仲間との関わりを増幅させる手がかりとなる。このような集団的な視点をもつことも運動の仕方として大切な点である。

（5）課題への工夫

　陸上運動系では，「知識及び技能」の自己の課題がもてるように，また，仲間のフォームを観察したり評価したりする手助けとしても，動きのポイントを押さえる必要がある。そのためにポイントの技術がわかりやすく児童に伝わり，また児童も言葉にしやすい工夫が求められる。たとえば，「幅跳び」にて，膝を柔らかく曲げて着地するように，「ん」の字の姿勢を授業カードで示したり，調子よく踏み切るために踏切のリズム「イチ・ニッ・イチ・ニッ・サァ〜ン」と，みんなで声を出したりすることが考えられる。また，器械運動系のようにフォームを得点化して示すことで，技術のポイントが明らかになり，自己の課題設定や仲間へのアドバイスもたやすくなると考える。

　また，もう一つの課題である「記録」について，岩田（2015）は，次のように述べている。

「陸上運動では器械運動と異なって動きそのもののできばえを高めていくことが目的ではなく，走・跳・投の達成度を向上させていくことがねらいになる。当然ながら，その達成度の追求の過程の手段としてよりよい動きが求められることになるが，直接的なパフォーマンスの結果は，『タイム』や『距離』が問題にされることになる。この『記録』の意味には次のような『二面性』が存在していることを常に念頭に入れておく必要がある。

○『記録』は客観的にパフォーマンスを指し示すものとなる。したがって，『記録』の向上は子どもたちにとって，大きな達成感を味わえる契機になる。それは子どもたちのさらなる学習意欲を掘り起こす媒体になりうる。

●しかしながら，『記録』はややもすると子どもたちの能力の序列関係を指し示すだけの物差しになりかねない」（109頁）。

上記のようなことを配慮して，「記録」を扱うときには，単純に計測記録として扱うこともあれば，混成競技のように記録を得点化して扱うこともできる。記録を得点化して，合計することでグループ間での競争も可能になったり，2種目の混成競技として競争を行うことも可能になることも考慮していきたい。

（6）その他の工夫
① 教材教具

陸上運動は，運動自体が単調なところがあるため，児童の興味や意欲を増すような工夫や，ゴムハードルのように恐怖心を和らげるなどの工夫もある。いずれにしても，日常生活の中で見受けられるモノを活用，工夫することで，効果的な楽しい活動になる。次に，いくつか例示する。

- リレーの円形バトン（市販の水道ホースなどでもよい）…低学年の児童が扱いやすい
- ロイター板や跳び箱の一番目の踏み台…能力以上の跳躍力が得られる
- ゴム紐…痛くないハードルとしてのバーの代わりや跳の運動のバーの代わりにもなる

② 学習カードやICTの活用

　陸上領域では，自己の記録やチームの記録等が児童の具体的な授業での目標や振り返りにもなるため，その変化や学習の成果を認識させることは大切な指導のポイントでもある。さらには，学年ごとの記録をデータとして残し，それらを教師のICTの活用により整理してプリントアウトした学習カードを使うことで，学年を追って自己の変化や同学年のチームの変化が明らかになる。これらは，自らの発育発達を認識する上で欠かせない資料としても，役立つものである。

　また，蓄積された記録のデータと身体データなどを関連させて統計上の処理をし，その学校独自の目標記録設定の表や記録の得点表などの作成にも役立てることができる。

　このように，学習カードを児童の記録データの構築資料として活用することは，記録を扱う陸上領域の特徴でもあり，陸上運動領域での学習カードはこの用途に適合するよう作成する必要がある。

　また，高学年では，自己の振り返りや仲間の技術分析，チームの分析をするために，学習の振り返りや単元のまとめとしての学習カードをつくり，児童にノート等に保存させることも陸上領域の意欲づくりの指導では有効な手立てである。

　児童のICTの活用としては，ビデオやタブレット端末を使い映像にて振り返ることで，自己やチームのフォームの振り返りや分析に使えることはもちろんのことである。さらには，児童が自ら記録を入力するだけで，事前や事後の記録変化のグラフや短距離走での10mごとのスピードの変化をグラフ化したスピード曲線などを出力できるようなプログラムを教員が作成してみてもよい。これらは，単に走る・競走するという段階からより深い陸上運動領域の興味・関心へとつなげられるものである。

引用文献
　岩田靖（2015）「陸上運動系領域の教材づくり・授業づくりの考え方・進め方」『新し

い走・跳・投の運動の授業づくり」(『体育科教育別冊26』)大修館書店，109～112頁。
清水由(2008)『小学校体育 写真でわかる運動と指導のポイント 陸上』大修館書店。
竹内隆司(2015)「走・跳・投の運動の授業展開例『センターラインを駆け抜ける2サークルリレー』」『新しい走・跳・投の運動の授業づくり』(『体育科教育別冊26』)大修館書店，72～73頁。
田中勝行(2012)「『陸上運動』Q&A『Q3 子どもの運動が単調にならないための工夫を教えてください』」細江文利ほか編『陸上運動の授業づくり』教育出版，55～56頁。
文部科学省(2011)『小学校体育(運動領域)まるわかりハンドブック』低学年，中学年，高学年。
文部科学省(2017)「小学校学習指導要領解説体育編」。

学習の課題

(1) 運動会が日常の体育活動の成果発表の場と捉え，運動会種目とつなげて「学びに向かう力等」を高められる指導を述べてみよう。また，その内容を他のグループに指導しよう。
(2) 低学年で，走るのが苦手な児童に対する指導の工夫を考え，学習指導案として記述しよう。また，グループで交流して，気づきを述べてみよう。
(3) 陸上運動系の領域の構成と授業づくりの留意点についてまとめてみよう。

【さらに学びたい人のための図書】

池田延行ほか編著(2015)『新しい走・跳・投の運動の授業づくり』(『体育科教育別冊26』)大修館書店。
　⇨陸上運動の授業づくりの視点や具体的な実践がわかる。
文部科学省教育課程課・幼児教育課編(2016)『初等教育資料』3月号，東洋館出版社。
　⇨評価に関する考え方等が整理されている。

(杉岡義次)

第10章 水泳運動系の領域の授業づくり

この章で学ぶこと

水遊び，水泳運動に代表される水泳運動領域の授業は，児童たちにとっては命に関わるものである。水の中という特殊な環境での活動は，水に対する不安感を伴うものである。本章では水泳運動領域の特性を知り，児童たちに水に親しむ楽しさや喜びを味わわせるための教具や練習活動の工夫，実際の学習展開について学ぶ。

1 水泳運動系の特性および構成

（1）水泳運動の特性

水泳運動系は，「もぐる・浮く」「水泳（クロール・平泳ぎ）」「安全確保につながる運動」等の運動で構成され，様々な動きに取り組んだり，自己の能力に応じた課題をもち，水泳運動，水にもぐることや浮くこと，息を止めたり吐いたりすること，安定した呼吸を伴うことで，心地よく泳いだり，泳ぐ距離や浮いている時間を伸ばしたり，記録を達成したりすることにつながり，楽しさや喜びを味わうことができる運動である。以下，「小学校学習指導要領解説体育編」より，領域の構成および学習指導の要点についてみていくこととする。

（2）水泳運動系領域の構成

水泳運動系の領域として，低学年は「水遊び」，中・高学年は「水泳運動」で構成されている。

水遊びは，「水の中を移動する運動遊び」「もぐる・浮く運動遊び」で内容が構成されている。これらの水遊びは，水の中での運動の特性を知り，水に慣れ

親しむことで課題を達成する楽しさに触れることのできる運動である。

水泳運動は，中学年を「浮いて進む運動」および「もぐる・浮く運動」で，高学年を「クロール」「平泳ぎ」および「安全確保につながる運動」で内容が構成されている。これらの運動は，安定した呼吸を伴うことで，心地よく泳いだり，泳ぐ距離や浮いている時間を伸ばしたり，記録を達成したりすることにつながり，楽しさや喜びに触れたり，味わったりすることができる運動である。

(3) 水泳運動系領域の学習指導の要点

水遊びの学習指導では，水に対する不安感を取り除く簡単な遊びを工夫することで学習を進めながら水の中での運動の楽しさや心地よさを味わうことができるようにすることが大切である。そうした指導を通して，技能面では，水にもぐることや浮くこと，息を止めたり吐いたりすることを身に付けることが重要な課題となる。また，児童がそれぞれの動き方や遊び方をイメージできるように図で掲示したり，集団で取り組める遊びを工夫したり，児童が創意工夫した動きを評価したりすることが必要である。

水泳運動の学習指導では，低学年の「水遊び」で経験し身に付けた体の動かし方や運動感覚を，中・高学年の「浮いて進む運動」および「もぐる・浮く運動」の学習に生かすように学習過程を進めることが大切である。加えて，それぞれの運動に集団で取り組み，一人ひとりができる技を組み合わせ，調子を合わせて演技する活動を取り入れることもできる。

水泳運動は，水の中という特殊な環境での運動であることから，すべての児童が技を身に付ける楽しさや喜びを味わうことができるよう，自己やグループの課題を身に付け，その課題の解決の仕方を考えたり，練習の場や段階を工夫したりすることができるようにすることが大切である。

また，運動を楽しく行うために，一人ひとりが自己の課題の解決のために積極的に取り組み，約束を守り助け合って運動したり，仲間の考えや取組みを認めたり，場の安全に気を配ったりすることができるようにすることが求められる。

2 水泳運動系領域の内容

(1) 知識及び技能

　表10-1は,「水の中を移動する運動遊び」「もぐる・浮く運動遊び」「浮いて進む運動」「クロール」「平泳ぎ」「安全確保につながる運動」において取り扱う技(運動遊び)を発達段階ごとに整理したものである。

　これにより,いずれの種目も取り扱う遊びや運動について,低学年の遊び—中学年の基本的な運動—高学年の発展した運動という順に系統的に配列されていることがわかる。実際の授業場面では,該当する運動遊びの行い方を知り,そこで身に付けた基本的な体の動きをもとに,動きの幅を広げるためには,どのような体の動きが必要かを知ることがねらいとなる。

　低学年の水遊びでは,その行い方を知るとともに,手軽な運動遊びを行い,体を動かす楽しさや心地よさを味わうことを通して,自己の心と体の変化に気づいたり,みんなで関わり合ったりすることが学習内容となる。

　心と体の変化に気づくとは,体を動かすと気持ちがよいことや,力いっぱい動くと汗が出たり心臓の鼓動が激しくなったりすることなどに気づくことを目指す。

　みんなで関わり合うとは,人それぞれに違いがあることを知り,誰とでも仲良く協力したり助け合ったりして運動遊びを行い,友達と一緒に体を動かすと楽しさが増すことや,つながりを体験することを目指している。

　中学年の「浮いて進む運動」や「もぐる・浮く運動」では,その行い方を知るとともに,体を動かす楽しさや心地よさを味わったり,基本的な動きを身に付けたりすることが学習内容となる。

　心と体の変化に気づくとは,体を動かすと心も弾み,体の動きが軽快になることや,体の力を抜くと気持ちがよいこと,汗をかいた後は気分もすっきりするなど,運動により心や体が変化することなどに気づくことを目指す。

　みんなで関わり合うとは,運動を通して自他の心と体に違いがあることを知

第10章　水泳運動系の領域の授業づくり

表10−1　水泳運動領域で取り上げられている「知識及び技能」

低学年	中学年	高学年
水の中を移動する運動遊び	浮いて進む運動	クロール
○水につかっての水かけっこ，まねっこ遊び ・水を手ですくって友達と水をかけ合う ・水につかっていろいろな動物の真似をしながら歩く ○水につかっての電車ごっこ，リレー遊び，鬼遊び ・自由に歩いたり走ったり，方向を変えたりする ・手で水をかきながら速く走る	○け伸び ・プールの壁を力強く蹴りだした勢いで，体を一直線に伸ばした姿勢で進む ○初歩的な泳ぎ ・呼吸をしながら手や足を動かして進む ・ばた足泳ぎやかえる足泳ぎ	○25〜50m程度を目安にしたクロール ・手を交互に前方に伸ばして水に入れ，かく ・リズミカルなばた足をする ・顔を横に上げて呼吸をする ○ゆったりとしたクロール ・両手を揃えた姿勢で片手ずつ大きく水をかく ・ゆっくりと動かすばた足をする
もぐる・浮く運動遊び	もぐる・浮く運動	平泳ぎ
○水中でのじゃんけん，にらめっこ，石拾い ・水に顔をつけたり，もぐって目を開けたりする ・手や足を使っていろいろな姿勢でもぐる ○くらげ浮き，伏し浮き，大の字浮き ・壁や補助具につかまって浮く ・息を吸って止め，全身の力を抜いて浮く ○バブリングやボビング ・水中で息を止めたり吐いたりする ・跳び上がって息を吐いた後，すぐに吸ってまたもぐる	○プールの底にタッチ，股くぐり，変身もぐり ・体の一部分をプールの底につける ・友達の股の下をくぐり抜ける ・水の中でもぐった姿勢を変える ○背浮き，だるま浮き，変身浮き ・全身の力を抜いていろいろな浮き方をする ・ゆっくりと浮いた姿勢を変える ○簡単な浮き沈み ・だるま浮きの状態で，浮上する動きをする ・ボビングを連続して行う	○25〜50m程度を目安にした平泳ぎ ・円を描くように左右に開き水をかく ・足の裏や脚の内側で水を挟み出すかえる足をする ・水をかきながら，顔を前に上げて呼吸する ○ゆったりとした平泳ぎ ・キックの後に顎を引いた伏し浮きの姿勢を保つ

出典：文部科学省（2017）177頁より。

り，誰とでも仲良く協力したり助け合ったりして様々な運動をすると楽しさが増すことや，友達とともに体を動かすと心のつながりを感じ，体を動かすことへの不安が解消されることなどを体験することをねらいとしている。

　高学年の「クロール」「平泳ぎ」の運動では，その行い方を理解するとともに手軽な運動を行い，体を動かす楽しさや心地よさを味わうことを通して自己

や仲間の心や体の状態に気づいたり，仲間と豊かに関わり合ったりすることが狙いである。

(2) 思考力，判断力，表現力等

表10-2は，水泳運動系の領域の学習で必要な思考力，判断力，表現力等の具体を，発達段階ごとに示したものである。

表10-2 水泳運動領域で取り上げられている「思考力，判断力，表現力等」

低学年	中学年	高学年
用具を用いた遊び方を工夫するとともに，考えたことを友達に伝える	自己の能力に適した課題を見付け，その解決のための活動を工夫するとともに，考えたことを友達に伝える	自己の体の状態や体力に応じて，運動の行い方を工夫するとともに，自己や仲間の考えたことを他者に伝える

出典：文部科学省（2017）182頁より。

ここでは，その内容は大きく2つの観点から述べられている。一つは運動に取り組む際の課題の見つけ方やその解決に向かう活動の工夫に関するものである。もう一つは，課題解決に向かう活動を通して感じたこと，考えたことを友達に伝えることである。水泳運動系の領域の学習は，陸上運動系の学習と同様に「閉鎖型スキル」教材と呼ばれている。「閉鎖型スキル」教材は，ボール運動のような「開放型スキル」教材に比べると，運動局面が明確なため，局面ごとの動きを分析することによって，自らの課題が明確になりやすい。友達同士で様子を見合い，評価をし合うことが重要になってくる。

(3) 学びに向かう力，人間性等

表10-3は，水泳運動系の領域の学習で求められる学びに向かう力，人間性等の内容を，発達段階ごとに示したものである。

水泳運動系の領域の学習は，他の運動領域と比べて比較的けがが起きやすい領域である。プールという空間で，全身を水の水圧，粘性，浮力などの特性を生かし，場づくりの安全や試技の順番を守るなど，学習を通して規律や安全面への意識を高めていくことが求められる。また，友達の失敗を笑ったり，冷や

表10-3 水泳運動領域で取り上げられている「学びに向かう力，人間性等」

低学年	中学年	高学年
・運動遊びに進んで取り組む ・順番や決まりを守り誰とでも仲良く運動をする ・用具や場の安全に気を付ける	・運動に進んで取り組む ・決まりを守り誰とでも仲良く運動をする ・友達の考えを認める ・場や用具の安全に気を付ける	・運動に積極的に取り組む ・約束を守り助け合って運動をする ・仲間の考えや取組を認める ・場や用具の安全に気を配る

出典：文部科学省（2017）184頁より。

かしたりせず，互いに励まし合いながら，少しずつの進歩を認め合う姿勢を大切にしたい。

3　学習成果を高める水泳運動系の授業づくり

（1）練習活動の工夫

　体育授業の場面では，水泳運動の場であるプールの効果的な工夫が必要である。そのポイントは2つあり，プールの長さと深さであることを教師はいつも念頭に置いておかねばならない。

　プールは一般的に，縦25m・横12m・深さ1.2mのものが多い。低学年・中学年・高学年の発育・発達段階と指導のねらいを踏まえての段階指導が重要である。

　低学年・中学年においてはプールの横の長さを利用することが多く，入水も両サイドを使い，壁を持ってのばた足や壁をけってのけ伸びなどを行う。高学年では，コースロープを張り，縦の長さで泳ぐ距離を伸ばす活動が行えるように段階を踏まえる指導が必要である。

　取り組むべき運動が決定したとき，それに向かう活動として，こうした練習活動の工夫を展開していくことが教師に求められる。

（2）用具・器具の工夫

　児童にとって，これまで経験したことのない運動に挑戦し，その獲得を図る

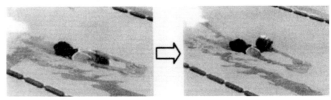

図10-1 用具・器具の工夫例
出典：文部科学省（2014）59頁より。

ことは決して容易なことではない。水に対する恐怖心などの心理面での不安が学習意欲を減退させることもある。このようなとき，上記練習活動の工夫と同様，その技の獲得に必要な技術を身に付けることを容易にさせる用具・器具の工夫が効果的である。図10-1は，ビート板を使ってのばた足運動に使う用具・器具の例である。

（3）資料・学習カードの活用

　水泳運動系の授業では，とりわけ，中・高学年になると各種の運動の獲得が学習の中心になる。児童が効率よく運動を獲得するために，学習資料の活用が重要になってくる。図10-2は，水遊び運動に活用する資料の例である。運動局面では動きのポイントが記されている。こうした資料は，児童が取り組む運動の技術的ポイントを知ることだけでなく，友達同士で互いの様子を伝え合うためにも役立つ。

　図10-2は，実際の学習カードの一例である。中学年の水泳遊びで使われるカードである。学習カードは児童からすると学びの進歩を知る，教師との意思疎通のツールとなるなど，様々な効果が考えられる。低学年では文章で書かせるよりもシールを貼る，色をぬるといった方法が効果的である。図10-3では，挑戦した場での動きができればシールを貼るものである。どんどんシールが増えていくことが，児童の運動に対する欲求を喚起する。このとき，毎時シールの色を変えることによって，教師からするとその児童の学習の進み具合を知ることが容易になり，評価にも役立てることができる。

第10章　水泳運動系の領域の授業づくり

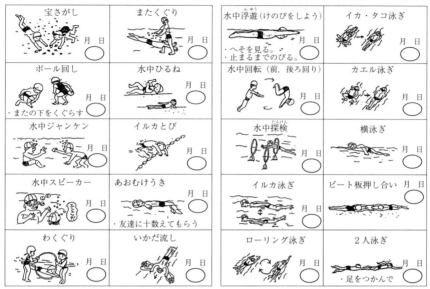

図10-2　もぐる・浮く運動の学習カードの例
出典：京都市小学校体育研究会（2004）20頁より。

（4）ICTの活用

　水泳運動系の学習場面は，ほとんどの学校が屋外のプールで行われる。そのため，雨天時および水温が低いときは，運動が実施できないこともある。そんなときに，教室において，ICTの活用が効果的である。イメージビデオや前時までに撮ったビデオ・デジタルカメラの映像の活用が可能である。さらに，授業の事前・事後のわずかな時間でも運動のイメージを理解したり，自らの課題や進歩を理解することにおいて有効なツールになりうるものである。

3年　ねらい②　すすめるように　ねらい③　クロールへ

組　名前

ねらい③では，できそうな番号をえらんでやろう。

・ねらい②では，順に進みましょう
・3回できたら，シールをはって次に進みましょう

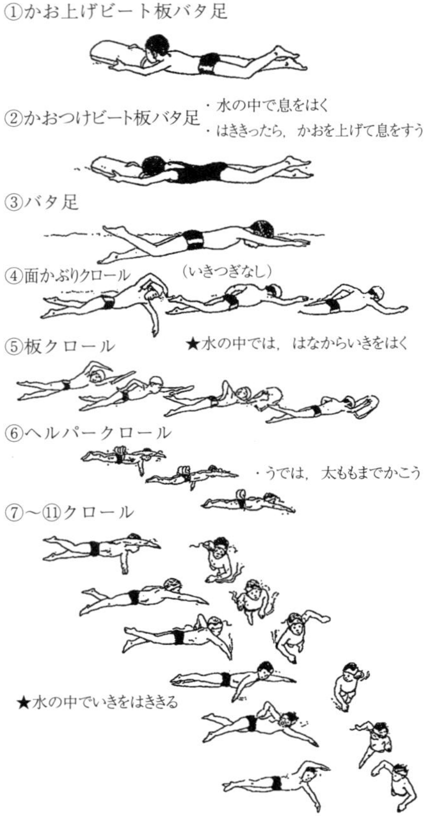

番号	しゅもくときょり	シール
①	かお上げビート板バタ足　（15m）	
	かお上げビート板バタ足　（20m）	
	かお上げビート板バタ足　（25m）	
②	かおつけビート板バタ足　（15m）	
	かおつけビート板バタ足　（20m）	
	かおつけビート板バタ足　（25m）	
③	バタ足　　　　　　　　　（10m）	
	バタ足　　　　　　　　　（15m）	
④	面かぶりクロール　　　　（10m）	
	面かぶりクロール　　　　（15m）	
⑤	板クロール　　　　　　　（15m）	
	板クロール　　　　　　　（20m）	
	板クロール　　　　　　　（25m）	
⑥	ヘルパークロール　　　　（15m）	
	ヘルパークロール　　　　（20m）	
	ヘルパークロール　　　　（25m）	
⑦	クロール　　　　　　　　（15m）	
	クロール　　　　　　　　（20m）	
	クロール　　　　　　　　（25m）	
⑧	ターンの練習　　　　　　（5回）	
⑨	クロール　　　　　　　　（50m）	
⑩	クロール　　　　　　　　（75m）	
⑪	クロール　　　　　　　（100m）	

①かお上げビート板バタ足

②かおつけビート板バタ足
　・水の中で息をはく
　・はききったら，かおを上げて息をすう

③バタ足

④面かぶりクロール　（いきつぎなし）

⑤板クロール　★水の中では，はなからいきをはく

⑥ヘルパークロール
　・うでは，太ももまでかこう

⑦〜⑪クロール

★水の中でいきをはききる

図10-3　浮いて進む運動の学習カードの例

出典：京都市小学校体育研究会（2004）21頁より。

4 水泳運動領域の授業実践例

(1)「水泳運動」の指導を考える

　本節では，体育科の学習指導案（学習指導案の作成）について，第3学年の「水泳運動」領域の「もぐる・浮く運動遊び」「浮いて進む運動」の具体例を示す。

　第3学年における「もぐる・浮く運動遊び」「浮いて進む運動」のねらい，進め方について考えていきたい。子どもたちにとって水泳運動の楽しさを感じるときはどんなときだろうか。事前にアンケート等で尋ねてみると概ね次のような答えが返ってくる。「友達と水遊びをしているとき」「泳いでいるとき」に楽しさを感じることが多い。反対に「寒いとき」「水が鼻や口にはいったとき」は楽しくないという。

　本学級の子どもたちは，1・2年生までの段階で8割が水泳の時間を楽しみにしていると答えており，理由は「泳ぐのが好き」「いろんな泳ぎ方を知りたい」「気持ちがよいから」と答える児童が多かった。しかし，2割の児童は「あまり楽しみではない」と答えており，理由は「泳げないから」「泳ぐことが嫌いだから」という。さらに「ばた足ができるようになる」から「50m以上泳ぎ切る」までと目標の個人差が大きい。

　そこで，本単元はもぐる・浮く・進むなどの水遊びの運動を基礎として，各自の新しい泳ぎ方に挑戦させ，運動の習熟を図るとともに，長い距離の獲得を目指すという流れで学習を進めていきたいと考えた。具体的には1単位時間を基本であるもぐる・浮く学習と初歩的な泳ぎ方の学習に分け，泳いで進むことの習熟を目指し，少しでも長い距離の獲得を目指すこととした。

　上記の学習過程の中で，子どもたちが取り組もうとしている技の様子やポイントがわかるような学習資料を用意する。具体的には，動きがわかる図が載った学習カードや動きの様子が収録されたイメージビデオを用意し，子どもたちが必要に応じて使用できるようにしておく。さらに，安全面への配慮から，バ

ディシステム（2人組）を常に取り入れ，「練習の場」の場づくりを行う。「練習の場」は子どもたちの恐怖心を除去することと，けがなく安全に活動を進めていく上で大切である。学習が進めば場づくりを考えることも課題解決に向けた工夫になる。

　いうまでもなく，子どもたちの課題解決には，教師による個別の関わりが大事になってくる。学習の進め方がわかっているか，安全な活動になっているか，どこでつまずいているのか等を観察しながら適宜，必要に応じて助言を行っていかなければならない。また，子どもたちが互いの様子に目を向け，励まし合ったり，協力して場づくりをしたりすることも大切である。そのような活動になるべく声かけをしていくことも大事な支援となる。

　次項では，ここまで述べてきたことを踏まえた学習指導案を示していく。

（2）「水泳運動」の指導案例

体育科学習指導案

指導者　○○　○○

1. 日　　時　平成○年○月○日
2. 学年・組　第3学年1組（在籍30人）
3. 単　　元　水泳運動
4. 単元の目標
    - ばた足やかえる足で呼吸をしながら進むことができるようにする。
    - すすんで運動に取り組み，友達と協力したりすることができるようにする。
    - 自分の課題にあった場を選んで練習することができるようにする。
5. 指導計画（全10時間）

時間	1〜2	③（本時）〜9	10
学習活動	○オリエンテーション ・学習の進め方を知る ・めあての持ち方を理解する。 ○いろいろな水あそび	浮く運動 ・伏し浮き　・連続してのボビング　・け伸びなど 泳ぐ運動（クロール系） ・プールサイドにつかまってのばた足 ・補助具を使って，手足の動きをつけて泳ぐ	まとめ

146

6．単元について

〈教材観〉

　水泳運動は，「プールという空間で，水圧，粘性，浮力という物理的障害に対していろいろな動きを身に付けて，障害を克服することを楽しむ運動である」と捉えることができる。この運動は，浮く・潜る・泳ぐから成り立っている。これらの運動は，関連し合いながら，そのひとつひとつにも工夫のしどころがある。これらの運動を工夫し，「どうすれば浮けるのか」「どうすればもぐれるのか」「どうすれば長く泳げるのか」という課題を解決していくことが学習の中心となる。泳ぎ方には技術的な系統性が存在するのでその点についての理解も必要である。今回の内容についてみれば，水遊びから泳ぎ方についてひとりひとりが自分の決めためあてに自分なりの方法で挑戦するというスタイルをとるため，個人的スポーツと捉えることができる。しかし，仲間とともに挑戦し，助け合ったり，努力やできばえを認め合ったりする中で行うことができれば，よりいっそう楽しい学習になる。よって，互いのがんばりを認め合い，気持ちよく学習するためのルールやマナーについて考えながら取り組むことも大切な学習内容となる。

〈児童観〉

　本学級の子どもたちは，クラス替えを終えた直後であり，子どもたちの実態を十分把握するまでには至っていない。3年生になって初めて行った「かけっこ・リレー」の単元では走力の個人差は比較的大きかったが，意欲の面では走力に自信のある子もない子も力いっぱいがんばっていた。しかし，チームで相談したり，励ましあったりするなど，人間関係の面は不十分であった。バトンの受け渡し等の技術的な面でも同じであった。

　水遊びの学習についての事前調査の段階では，スイミングスクールに通ったことのある児童は全体のおよそ4分の1だった。2年生までの学習を終えて「25m泳ぐことができる」という児童も同じ割合だった。2年生の学習では，バブリングや力を抜いて浮くことはほとんどの児童ができるようになっている。そのためか，3年生の水泳運動では「泳げるようになりたい」「もっと長く泳げるようになりたい」と願っている子どもたちが多くみられる。

〈指導観〉

　本単元では，浮いて進む運動の獲得に向けて学習を設定し，子どもたちがバブリング運動の獲得につながる学習過程を取り入れた。単元を通して「もぐる・浮く運動」を基礎に，浮いて進む運動からクロール型に必要な感覚づくりを行うこととした。

7．本時（全10時間中の第3時）

(1) 本時の目標

- ばた足やかえる足で進むことができるようにする。
- 補助具を使って長く進むことができるようにする。

(2) 本時の展開

	学習活動	指導上の留意点・支援（評価の観点）
はじめ 5分	・生活グループで分担して、場の準備をする。 ・準備運動をする。 ・シャワーをあびる。 　自分でゆっくり10秒数える。 ・入水する。 　自分で水をかけてから水の中に入り、水中にもぐる。	・バディで隣同士に並ぶことができるようにする。 ・体全体を足からお腹と徐々に心臓に近い位置に水をかけ、手で洗うように伝える。 ・背中を水面側に向けて入ることができるようにする。もぐっているときには、鼻から息を出すことができるようにする。
なか 35分	・バディで水慣れをする。 　バディで水中じゃんけん 　フラフープくぐり 　け伸び競争 ・浮いて進む運動をする。 　ばた足やかえる足をしながら、手を動かして水面を進む運動をする。 　バディで動きを見合ったり、教え合ったりしながら練習に取り組む。 　場を選んで練習をする。	・相手の水中での動きを確認できるようにする。 ・じゃんけんで負けたら相手の股の下をくぐる。 ・フラフープの距離や高さなどの変化をつくる。 ・プールサイドまで何回のけ伸びでいけるか競争する。 ・呼吸ができないでいる児童には、息を吐き切ったら、手で水面を押して顔を上げるようにする。 ・浮くことができない児童にはビート板などの補助具を活用できるようにする。
まとめ 5分	・振り返りをする。 ・整理運動 ・シャワー	・個々のめあての達成感を確認させ、うまくいったことなどがあれば発表させる。 ・体が冷えないように短時間で行い、天候によっては教室で行う。 ・体調を確認し、洗顔したらシャワーを浴びるように伝える。

(3) 活動の場

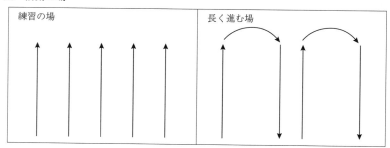

148

引用文献

京都市小学校体育研究会（2004）『水泳学習の資料』（文部科学省「平成16年度教育情報共有化促進モデル事業」）。
文部科学省（2014）『水泳指導の手引［三訂版］』。
文部科学省（2017）「小学校学習指導要領解説体育編」。

学習の課題

(1) 水泳運動領域の特性と構成，学習指導の要点についてまとめてみよう。
(2) 水泳運動領域の内容について概略を記すとともに，それについての自分の考えを述べてみよう。
(3) 水泳運動領域の学習成果を高めるための「練習活動の工夫」「用具・器具の工夫」について，具体的な運動を取り上げ例示しよう（本文に例示されている運動以外の運動を取り上げ，記すこと）。

【さらに学びたい人のための図書】

シェール，リン著／高月園子訳（2013）『なぜ人間は泳ぐのか』太田出版。
　　⇨子どもは例外なく水遊びがすきだ。しかし，事故による溺死は子どもに多い。では，どうすればよいか。水泳をめぐる歴史，現在，未来について述べられている。
日本体育・スポーツ教育大系刊行会編（片尾周造ほか）（1994）『日本体育・スポーツ教育大系第6巻　水上運動／雪上運動／氷上運動』教育出版センター。
　　⇨プール以外での水泳学習である臨海学校における心得・練習体制と安全確保・学習指導案についての課題，効果的な学習を進めるための方向性が述べられている。

（中川善彦）

第11章 ボール運動系の領域の授業づくり

この章で学ぶこと

　バスケットボール，サッカー，バレーボールに代表されるボール運動領域の授業は，大多数の児童にとって最も好きな領域である。しかしながら，強い苦手意識をもっている児童が存在しているのも事実である。本章ではボール運動領域の特性を知り，児童たちが互いに助け合い，楽しめる練習活動の工夫（ドリルゲームやタスクゲーム）や，実際の学習展開について学ぶ。

1　ボール運動系の特性および構成

（1）ボール運動系領域の特性

　ボール運動系は，競い合う楽しさに触れたり，友達と力を合わせて競争する楽しさや喜びを味わったりすることができる運動である。以下，「小学校学習指導要領解説体育編」より，領域の構成および学習指導の要点についてみていくこととする。

（2）ボール運動系領域の構成

　ボール運動系の領域として，低・中学年は「ゲーム」，高学年は「ボール運動」で構成されている。
　ゲームは，低学年は「ボールゲーム」および「鬼遊び」で，中学年は「ゴール型ゲーム」，「ネット型ゲーム」および「ベースボール型ゲーム」で内容が構成されている。これらの運動は，主として集団対集団で，得点を取るために友達と協力して攻めたり，得点されないように友達と協力して守ったりしながら，

150

競い合う楽しさや喜びに触れることができる運動である。また，基本的なボール操作とボールを持たないときの動きを身に付け，ゲームを楽しむことのできる運動である。

ボール運動は，「ゴール型」，「ネット型」および「ベースボール型」で内容が構成されている。これらの運動は，ルールや作戦を工夫し，集団対集団の攻防によって仲間と力を合わせて競争する楽しさや喜びを味わうことができる運動である。

中学年のゲームと高学年のボール運動では，「ゴール型」，「ネット型」および「ベースボール型」の3つの型で内容が構成されている。ゴール型は，コート内で攻守が入り交じり，ボール操作とボールを持たないときの動きによって攻防を組み立てたり，陣地を取り合って得点しやすい空間に侵入し，一定時間内に得点を競い合うこと，ネット型は，ネットで区切られたコートの中でボール操作とボールを持たないときの動きによって攻防を組み立てたり，相手コートに向かって片手，両手もしくは用具を使ってボールなどを返球したりして，一定の得点に早く達することを競い合うこと，ベースボール型は，攻守を規則的に交代し合い，ボール操作とボールを持たないときの動きによって一定の回数内で得点を競い合うことを課題としたゲームである。

(3) ボール運動系領域の学習指導の要点

ゲームの学習指導では，友達と協力してゲームを楽しくする工夫をすることや楽しいゲームをつくり上げることが，児童にとって重要な課題となってくる。集団で勝敗を競うゲームでは，規則を工夫したり作戦を立てたりすることを重視しながら，基本的なボール操作とボールを持たないときの動きを身に付け，ゲームをいっそう楽しめるようにすることが学習の中心となる。また，公正に行動する態度，とくに勝敗をめぐって正しい態度や行動がとれるようにすることが大切である。

ボール運動の学習では，互いに協力し，役割を分担して練習を行い，型に応じたボール操作とボールを持たないときの動きを身に付けてゲームをしたり，

ルールや学習の場を工夫したりすることが学習の中心となる。また、ルールやマナーを守り、仲間とゲームの楽しさや喜びを共有することができるようにすることが大切である。

2 ボール運動系領域の内容

(1) 知識及び技能

　表11-1は、低学年の「ボールゲーム」と「鬼遊び」、中学年と高学年の「ゴール型」「ネット型」「ベースボール型」種目における知識及び技能を発達段階ごとに整理したものである。

　これより、ボール運動系の領域における技能は、「ボール操作」および「ボールを持たないときの動き」で構成されていることがわかる。「ボール操作」はシュート・パス・キープ（ゴール型）、サービス・パス・返球（ネット型）、打球・捕球・送球（ベースボール型）など、攻防のためにボールを操作する技能である。「ボールを持たないときの動き」は、空間・ボールの落下点・目標（区域や塁など）に走り込む、味方をサポートする、相手のプレイヤーをマークするなど、ボール操作に至るための動きや守備の動きに関する技能である。

(2) 思考力，判断力，表現力等

　表11-2は、ボール運動系の領域の学習で必要な思考力、判断力、表現力等の具体を、発達段階ごとに示したものである。

　ここでは、その内容は大きく2つの観点から述べられている。一つはルール（規則）の工夫や作戦の選択に関するものである。もう一つは、課題解決に向かう活動を通して感じたこと、考えたことを友達に伝えることである。ボール運動系の領域の学習は、「開放型スキル」教材と呼ばれている。「開放型スキル」教材は、陸上運動系や器械運動系のような「閉鎖型スキル」教材に比べると、運動局面が多様に展開していくため、グループの課題設定と解決に向かう活動の選択が大切になる。

第11章 ボール運動系の領域の授業づくり

表11-1 ボール運動領域で取り上げられている「知識及び技能」

低学年			中学年			高学年	
ボールゲーム	ボール操作	◇ねらったところに緩やかにボールを転がす，投げる，蹴る，的に当てる，得点する ◇相手コートに緩やかにボールを投げ入れたり，捕ったりする ◇ボールを捕ったり止めたりする	ゴール型ゲーム	ボール操作	◇味方へのボールの手渡し，パス，シュート，ゴールへのボールの持ち込み	ゴール型	◇近くにいるフリーの味方へのパス ◇相手に取られない位置でのドリブル ◇パスを受けてのシュート
				ボールを持たないときの動き	◆ボール保持時に体をゴールに向ける ◆ボール保持者と自分の間に守備者がいないように移動		◆ボール保持者と自分の間に守備者が入らない位置への移動 ◆得点しやすい場所への移動 ◆ボール保持者とゴールの間に体を入れた守備
	ボールを持たないときの動き	◆ボールが飛んだり，転がったりしてくるコースへの移動 ◆ボールを操作できる位置への移動	ネット型ゲーム	ボール操作	◇いろいろな高さのボールを片手，両手もしくは用具などではじいたり，打ちつけたりする ◇相手コートから返球されたボールの片手，両手，用具での返球	ネット型	◇自陣のコート（中央付近）から相手コートへのサービス ◇味方が受けやすいようにボールをつなぐ ◇片手，両手，用具を使っての相手コートへの返球
				ボールを持たないときの動き	◆ボールの方向に体を向けること，もしくは，ボールの落下点や操作しやすい位置への移動		◆ボールの方向に体を向けることとボール方向への素早い移動
鬼遊び		◆空いている場所を見付けて，速く走ったり，急に曲がったり，身をかわしたりする ◆相手（鬼）のいない場所への移動，駆け込み ◆少人数で連携して相手（鬼）をかわしたり，走り抜けたりする ◆逃げる相手を追いかけてタッチしたり，マーク（タグやフラッグ）を取ったりする	ベースボール型ゲーム	ボール操作	◇ボールをフェアグラウンド内に蹴ったり打ったりする ◇投げる手と反対の足を一歩前に踏み出してボールを投げる	ベースボール型	◇止まったボール，易しいボールをフェアグラウンド内に打つ ◇打球の捕球 ◇捕球する相手に向かっての投球
				ボールを持たないときの動き	◆向かってくるボールの正面への移動 ◆ベースに向かって全力で走り，かけ抜けること		◆打球方向への移動 ◆簡易化されたゲームにおける塁間の全力での走塁 ◆守備の隊形をとって得点を与えないようにする

注：◇：ボール操作　◆：ボールを持たないときの動き。
出典：文部科学省（2017）178頁より。

153

表11-2 ボール運動領域で取り上げられている「思考力，判断力，表現力等」

低学年	中学年	高学年
簡単な規則を工夫したり，攻め方を選んだりするとともに，考えたことを友達に伝える	規則を工夫したり，ゲームの型に応じた簡単な作戦を選んだりするとともに，考えたことを友達に伝える	ルールを工夫したり，自己やチームの特徴に応じた作戦を選んだりするとともに，自己や仲間の考えたことを他者に伝える

出典：文部科学省（2017）182頁より。

表11-3 ボール運動領域で取り上げられている「学びに向かう力，人間性等」

低学年	中学年	高学年
・運動遊びに進んで取り組む ・規則を守り誰とでも仲よく運動をする ・勝敗を受け入れる ・場や用具の安全に気を付ける	・運動に進んで取り組む ・きまりを守り誰とでも仲よく運動をする ・勝敗を受け入れる ・友達の考えを認める ・場や用具の安全に気を付ける	・運動に積極的に取り組む ・ルールを守り助け合って運動をする ・勝敗を受け入れる ・仲間の考えや取組を認める ・場や用具の安全に気を配る

出典：文部科学省（2017）184頁より。

（3）学びに向かう力，人間性等

表11-3は，ボール運動系の領域の学習で求められる学びに向かう力，人間性等の内容を，発達段階ごとに示したものである。

ボール運動系の領域の学習は，ルール（規則）の遵守や勝敗を受け入れる態度の育成が重要である。また，友達との協力を大切にし，用具の扱いや場づくりの安全にも気を付けさせていきたい。

3 学習成果を高めるボール運動系の授業づくり

（1）めあて（課題）の把握

チーム対チームで勝敗を競うことが中心となるボール運動系の授業では，勝つために自チームの状況を的確に判断し，めあて（課題）を設定することが重要になる。ここでは，いくつかの手法を紹介する。

バスケットボールやサッカーの授業では，前時までの各チームのシュート数

第11章　ボール運動系の領域の授業づくり

バスケットボール・グループノート　12月21日（木）4校時　11回目
対6班　前半　アナウンス M　記録 S

No	名前	ゲームのようす	触球数	パス数	つながり率	シュート数	シュート成功数
1	A君		7	3	100%	4	3
3	D君		14	4	36%	3	0
4	Bさん		4	4	100%	0	0
	計		25	11	61%	7	3

パスの相関図

対6班　前半　アナウンス E　記録 M

No	名前	ゲームのようす	触球数	パス数	つながり率	シュート数	シュート成功数
2	W君		10	5	63%	2	0
5	S君		8	5	71%	1	0
6	Cさん		3	0	0%	2	0
	計		21	10	63%	5	0

パスの相関図

●触球　―――パス成功　～～～ドリブル　◉シュート成功　✕シュート失敗

図11-1　心電図型ゲーム分析表

出典：大貫（1995）より。

とゴール数（得点）をまとめた一覧表を提示することがある。これにより，たとえばシュート数に対しゴール数（得点）が少ないチームはシュートの精度に課題のあることが，シュート数そのものが少ないチームはパスプレイに問題のあることが，それぞれ明確となる。

これ以外には，「心電図型ゲーム分析表」や「ボールの軌跡図」の活用も考えられる。図11-1には「心電図型ゲーム分析表」を，図11-2には「ボールの軌跡図」をそれぞれ示した。

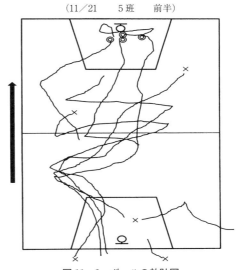

図11-2　ボールの軌跡図

出典：大貫（1995）より。

「心電図型ゲーム分析表」は，ボールが誰から誰へと移動したかを中心に記録するものである。これにより，個人の触球数，パススローとレシーブ，ドリブル，シュートなどの回数がわかり，チームで立てた作戦がどのようなプレイ

155

によって遂行されたのかがわかる。たとえば，チームの作戦に従って守りの役割を果たす子（S君）を分析表の下の位置に名前を書き，攻めの役割を果たす子（W君）を表の上の位置に書いておくことで，2人のコンビプレイを判断・評価することができる。

「ボールの軌跡図」は，攻撃チームのボールの動きを記録するものである。これにより，空間（スペースの活用も含む）の使い方，縦パスと横パスの使い方がわかる。

（2）ドリルゲームの工夫

「ドリルゲーム」とは，ボールゲームにおける個人的技能の習得や習熟を目的とした，主として記録達成を目指すゲームである。

ドリルゲームの代表例として，「パスゲーム」があげられる。これは，パス技術の向上をねらったもので，設定回数への最短到達時間更新や，設定時間内での最高回数更新に向かって挑戦させるものである。このドリルゲームは，2人1組で行うことも，何人かのチームで行うこともできる。また，単元経過や技能の向上に伴い，パスの距離を伸ばしたり，設定した時間を短くしたりするなど，難易度を高めれば子どもたちの学習意欲を維持させることができる。

さらに，こうした「パスゲーム」を発展させたものとして，図11-3に示す

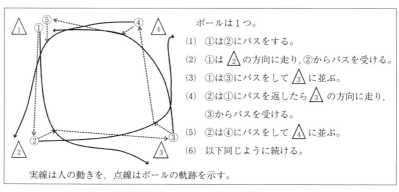

図11-3 スクウェアパスゲーム

出典：末永・川井（2009）より。

「スクウェアパスゲーム」(末永・川井, 2009) がある。このゲームは,「パスゲーム」に「パス・アンド・ラン」の動きを取り入れたものである。

(3) タスクゲームの工夫

「タスクゲーム」とは, 個人および集団の技術的・戦術的能力の育成を目的とした, 課題の明確なミニゲームである。

バスケットボールの典型的な「タスクゲーム」として, ハーフコートでの3対2のアウトナンバーゲームがある。ディフェンスの人数を少なくすれば, ボールを持たない者はノーマークのスペースが見つけやすくなり, ボール保持者は余裕をもって状況判断ができる。ほかにも,「空いたスペースを見つけて走り込む」という「ボールを持たないときの動き(ボール操作に至るための動きや守備に関わる動きに関する技能)」を課題にしたタスクゲームとして「サークルボールゲーム」(末永・川井, 2009) がある。図11-4には,「サークルボールゲーム」を示した。

これは, コート上に3ないし5つのサークルを置き, そこに走り込んでボールを受けることができれば得点となるゲームである。設定したエリアにとどまることを禁止し,「空いているスペースを見つけ, そこに常に走り込んでボールをもらう」ことを強調することで,「空いたスペースに走り込む」という課題行動が頻繁に出現する。しかも, 学習課題の成功がすべて得点としてカ

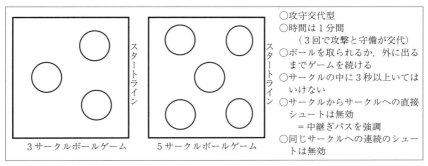

図11-4 サークルボールゲーム

出典:末永・川井 (2009) より。

ウントされるため，子どもたちは課題達成の喜びがあり，自ずと学習意欲が高まることが期待できる。

　サッカーについては，「ドリルゲーム」として「タマゴ割りサッカー」や「8の字ドリブル」をあげることができる。前者はタマゴゾーン（楕円）内にいる防御者の間をボールが通過すれば得点となるゲームで，キック（シュート）の精度を高めることをねらいとしている。また，後者はコーンを2つ置き，8の字にドリブルするものである。巧みにコーンを回ったり，対極のコーンへ素早く直進したりして，ドリブル技能の向上をねらいとしている。

　「タスクゲーム」については，「ツーゴールドリブルサッカー」や「セーフティーゾーンサッカー」「ウイングサッカー」をあげることができる（松本・後藤，2007）。

（4）ルールやコートの工夫

　まず，ルールを工夫した例をみてみる。ハンドボールの授業でゴールにゴムをはり，真ん中にシュートできたら2点，あとは1点というルールにする。

　子どもからすれば，普通は逆だろうと思う。でも，教師からすると真ん中に入れたら2点とすることに意図がある。つまり，真ん中に入れようと思うとキーパーを横に動かす必要がある。こうしたゴール前のパスワークができれば，ゴールの真ん中が空くので，そこに決めることがよい作戦だから2点なのである。ここでは，巧みなパス回しの必要性に気づくことをねらっている。

　また，安全確保のための場の設定やルールも考えられる。とくに，第1次ルールと呼ばれる最初にゲームを行うときに教師が考えるルールがあてはまる。たとえば不合理なルールを意図的に組み込んだり，後に発展するように大雑把なルールにしたりする。こうした場合は様々なトラブルが起こるが，トラブルを解決するためにルールが加えられていき，未組織なゲームから組織的なゲームへと変容していくことになる。これは，とりわけ低学年の学習で有効である。

　続いて，コートの工夫の例である。これに相当する実践として，「センタリングサッカー」をあげることができる（岩田・菅沼，2008）。

第11章　ボール運動系の領域の授業づくり

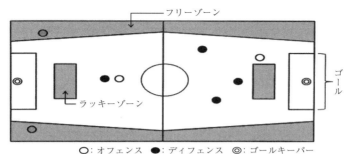

図11-5　センタリングサッカーのコート図
出典：岩田・菅沼（2008）より。

　図11-5には，「センタリングサッカー」のコート図を示した。このゲームでは，両サイドにフリーゾーン（攻撃側のみ入ることができ，プレイに制限はない）やコート中央にラッキーゾーン（そこからの得点は2点）を取り入れている。これらのフリーゾーンやラッキーゾーンのような地理的分離地域を取り入れることで，課題行動（センタリングからシュートしよう）が頻出する仕組みになっている。あわせて，地理的分離地域の導入は，技能が未熟な児童への配慮にもなっている。
　これらのゲームの仕方の工夫以外に，子どもたちに課題（めあて）の解決につながる動き方を見抜かせる指導技術として，〈観察学習〉の活用がある。とりわけボールゲームの授業では〈ゲームフリーズ〉をどのように活用するかが大切となる。これにより，子どもたちにまずいプレイや間違ったプレイに着目させ，子どもたちのプレイ選択・決定の方略を形づくっていくのである。

（5）学習カードの活用
　ボールゲームの学習カードは個人カードだけでなく，チームカードの活用も大切になってくる。チームの課題，作戦内容，プレイの状況（シュート数やゴール数など）を記すものである。
　このカードは，ゲーム分析をすることと並行して用いる。たとえば，上述した「心電図型ゲーム分析表」や「ボールの軌跡図」の結果から，チームの長所

や短所を記入させる。このとき，ドリルゲームの記録を各授業時間で記録できるようにしておくことも有効である。ドリルゲームは記録達成が目的であることから，記録の向上が一目でわかるようなグラフや表などを作成させれば，各チームの技能の伸長や問題点が把握できる。

　チームの長所や短所に基づいて作戦を立て，その作戦を実行するためのそれぞれのチームの作戦に合った一人ひとりの役割を決めて，試合を行わせる。そして，試合後に反省するというサイクルをとる。これにより，チームとしてどれだけ成長したかといった進歩の度合いを知ることができる。ボールゲームの指導では，こうした個人カードとチームカードの併用により，集団の戦術と個人のプレイとを関連づけながら，子どもの思いを探ることが大切である。

4 ボール運動系領域の授業実践——ベースボール型を例に

(1)「ベースボール型(ゲーム)」の特徴と教材の配列

　野球やソフトボールに代表される「ベースボール型ゲーム」は，攻撃と防御がルール上で分離した攻防分離型ゲームである。こうした攻防分離型ゲームは，サッカーやバスケットボールに代表される攻防相乱型ゲームに比べて，相手からの動きの介入が比較的少ないため，「打つ」「投げる」「受ける」といった基本的なボール操作ができれば，自分たちが工夫した作戦を意図的に遂行しやすいところに特徴がある。しかしながら，これまで野球やソフトボールは運動教材としてなかなか取り扱われてこなかった。これには，野球やソフトボールの教材化を困難にしている問題点がいくつか認められる。具体的には，「ピッチャーがいること（ストライクが取れないため，ゲームが進まない)」「1塁への送球時間と打者の疾走時間との競争になる（1塁への送球が正確にできない)」「3アウト制であること（チーム力に差があるとき，ゲームが終了しない)」「運動量が少ない（外野とベンチを往復するだけで終わることがある)」などである。

　これらの問題点は，「ベースボール型ゲーム」の有するボール操作の困難さ（打具を用いた打撃動作）やルールの難しさによるところが大きい。それだけに，

子どもたちが無理なく，作戦の計画とその遂行を発展的に学習していける教材の開発とその積み重ねが求められている。

ここでは，高学年で行うゲームのイメージを「攻め手は打順や守備位置に応じて打ち方を工夫して進塁をねらう，守り手は打順に応じて守備位置を工夫したり，状況に応じて近くの塁でアウトにしたりして進塁を防ぐゲーム」とし，低学年から高学年にかけて4つの教材を例示した。

具体的には，低学年と中・高学年に二分し，低学年に「ならびっこフットベースボールⅠ・Ⅱ」を，中・高学年に「ティーアップゲーム」「ラケットベースボール」をそれぞれ配置した。前者は山本（1986）が創案した「並びっこベースボール」を，後者は梅野・北川（1992）が創案した「ゴルフ野球ゲーム」をそれぞれ基軸に据えることとし，前者は易しい攻防分離型ゲームとして，後者は難しい攻防分離型ゲームとしてそれぞれ位置づけた。ボール操作の観点からは「ボールを蹴るゲーム→ボールを打つゲーム」へ，得点の主体者の観点からは「打者のみのゲーム→打者と走者のゲーム」へ，それぞれ発展・移行する形となる。

低学年期のゲームは，打者の蹴球がゲームの起点となり，打者・走者のベースへの到着が早いか，守り手全員がボール捕球者に集まるのが早いかを競うところに面白さがある。よって，攻防の組み立ての中心は攻め方となり，その内容は「ボールを蹴る方向や強さを工夫すること」になろう。これに対して，仲間との関わりは守り中心に発揮されることになり，その内容は「仲間と協力して素早くまっすぐに整列すること」になる。同様に，中・高学年期のゲームでは打者の打撃がゲームの起点となり，攻め手は自チームの状況に応じた打撃を展開し，守り手は連携して進塁を阻止するといった攻防を競うところが面白さとなる。これらのことから，攻防の組み立ては「打撃を打線へとつなげていくこと」が，仲間との関わりは「仲間と協力してアウトを取ること」が，それぞれ重視されるのである。図11-6には，「ベースボール型ゲーム」における経験の積み重ね（カリキュラム）を示した。

学　年	低学年	中・高学年
攻防の組み立て	ボールを蹴る方向や強さを工夫する	打撃を打線へとつなげていく
仲間との関わり	仲間と協力して素早くまっすぐに整列する	仲間と協力してアウトを取る
技能特性	ヒットにより多くの点を取る／ヒットを重ねて多くの点を取る攻め方とフライアウトにより守備点を取る守り方	進塁打により塁へ進める攻め方とフォースアウト・ダブルプレイにより進塁を防ぐ守り方
教　材	ならびっこフットベースボールⅠ／ならびっこフットベースボールⅡ	ティーアップゲーム／ラケットベースボール

図11-6　「ベースボール型ゲーム」の教材配列

出典：筆者作成。

（2）低学年の教材

　子どもが最初に出合う教材として，「ならびっこフットベースボールⅠ」を例示した。このゲームは，攻め手が蹴ったボールを守り手が捕球し，その後守り手の全員が捕球者の後ろに整列するまでに攻め手がどれだけ進塁できるかを競うゲームである。このゲームではベースの代わりにコーンを設置するが，山本（1986）が創案したゲームでは1塁側のコーンは1つに限定されていたのに対し，本書ではコーンを3つ設置し，ホームベースから近い順に，1点，2点，3点とした。これにより，打者は打球の行方に応じて「どのコーンを回るか」が課題となる。すなわち，守り手の守備隊形を考慮してボールを蹴る方向や強さを工夫することの有効性を理解させる。これは，「ベースボール型ゲーム」における最も基本となる作戦であるため，この段階でしっかりと意識させたい。これに対する守り手は，できるだけ早く打球を受け止め，ボール捕球者の後ろに整列することが求められる。これにより，守備隊形を工夫したり，捕球した子どもが仲間のもとに走っていき，そこにみんなが並んだりすることがわかるようになる。これは，カバーリングプレイの基本である。

　次の「ならびっこフットベースボールⅡ」では，4つのベースを設置し，「攻め手は1塁ベースからホームベースまで走破することで1点が入る」「打者走者は各塁に止まることができる」とするルールへと発展させている。これにより，多くの走者が残っているときにヒットが出るとより多くの得点が入るこ

とに気づかせる。このことから，打順の大切さをわからせたい。これに対する守り手は，打者の特徴や走者の状況に応じて守備隊形を工夫することが必要となる。具体的には，「走者をためて長打をねらう」とする攻め手の作戦に対して，「フライアウトの場合は守り手に1点が入る」というルールを追加することで，攻守の作戦が対応するのである。

　以上，低学年の「ベースボール型ゲーム」では，フットベースボールを基軸に，ヒットを重ねて多くの点を取る攻め方とフライアウトにより守備点を取る守り方が技能的特性となる。

（3）中・高学年の教材

　中学年期では，ティースタンドの上に置いたボールを打つ「ティーアップゲーム」を例示した。打撃動作はバッティング経験の乏しい子どもにとっては難しい技能である。単元の序盤で打ち方のコツ（レベルスイング，テイクバックの大きなスイングなど）をしっかりと身に付けさせたい。このゲームでは「守り手が打球を捕球し，捕球者が近くのベースに触れるかベースに触れた別の守り手にボールが渡ったとき，打者・走者がまだ塁についていなかった場合はアウトとなる（守り手がベースに触れたとき，2人の打者・走者がいずれも塁についていなかった場合は2人ともアウトとなる）」「フライボールをキャッチされたとき，打者はアウトとなり，走者は塁に戻らなければならない」とするルールへと発展させている。これにより，攻め手は走者を一つでも先の塁に進めることが課題となる。具体的には，打順，走者，守備位置などの状況に応じて，1・3塁線をねらって打ったり，バントしたりすることが必要となる。

　これに対して，守り手は打者・走者の進塁を防ぐことが課題となる。このゲームでは，守り手に求められる判断が高度になる。そのため，「内野で捕球した場合は近い塁を踏む」「外野で捕球した場合はセカンドに投げる」など，打球の捕球，ベースカバー，中継，バックアップといった役割分担に基づく協働的なプレイ，すなわち，連携プレイに意識が向かうように指導する必要がある。

　高学年では，「ラケットベースボール」を例示した。「ティーアップゲーム」

との違いは，止まっているボールではなく，味方からトスされたボールをテニスラケットで打つこと（ゲームの後半は守り手がピッチャーをする）にある。しかし，「ティーアップゲーム」の場合とルールがほぼ同様であることから，中・高学年期における技能的特性は，進塁打により走者を次の塁へ進める攻め方とフォースアウト・ダブルプレイにより進塁を防ぐ守り方となろう。

引用文献

岩田靖・菅沼太郎（2008）「もっと楽しいボール運動②——センタリングサッカーの教材づくり」『体育科教育』第56巻13号，58～63頁。

梅野圭史・北川隆編著（1992）『ボール遊び——ゴルフ野球ゲーム』（小学校授業づくりアイデア全書9）ぎょうせい。

大貫耕一（1995）「ゲーム分析の方法」阪田尚彦ほか編『学校体育授業事典』大修館書店，738～743頁。

末永祐介・川井明（2009）「〈ドリルゲーム〉と〈タスクゲーム〉は，何がどう違うのか」『体育科教育』第57巻4号，38～40頁。

松本靖・後藤幸弘（2007）「戦術の系統に基づいて考案されたサッカー〈課題ゲーム〉学習の有効性——高学年児童を対象として」『スポーツ教育学研究』第26巻2号，89～103頁。

文部科学省（2017）「小学校学習指導要領解説体育編」。

山本貞美（1986）「『並びっこベースボール』の実践」『体育の科学』第36巻12号，984～988頁。

学習の課題

(1) ボール運動領域の特性と構成，学習指導の要点についてまとめてみよう。
(2) ボール運動領域の内容について概略を記すとともに，それについての自分の考えを述べてみよう。
(3) ボール運動領域の学習成果を高めるための「ドリルゲーム」「タスクゲーム」「ルールやコートの工夫」について，具体的なゲームを取り上げて例示しよう（本文に例示されている以外のゲームを取り上げ，記すこと）。

【さらに学びたい人のための図書】

梅野圭史編著（2017）『小学校ボールゲームの授業づくり』創文企画。
　　⇨ボール運動の授業づくりについて，理論編と実践編から構成されまとめられている。

（山口孝治）

第12章 表現運動系の領域の授業づくり

この章で学ぶこと

表現運動では,子どもたち一人ひとりがそれぞれの踊りの楽しさや魅力に十分ふれることがねらいである。自分の心身を解き放ってリズムやイメージした世界に没入して踊ることが楽しいと思えるようになることである。いまもっている子どもの力を生かせる題材や音楽を選び,多様な活動の場を工夫していくことが大切である。全身でリズムに乗って踊ることで友達と共感することや,交流することの楽しさや喜びを味わい,体の動きで自由に自己表現することを学ぶ。表現の学習を通して子どもたちは,自分の考えを伝えたり,お互いの考えを認め合ったりすることの大切さを学ぶ。

1 表現運動系の特性および構成

(1) 表現運動の特性

表現運動系は,自己の心身を解き放して,イメージやリズムの世界に没入して表現するものになりきって踊ったり,互いのよさを生かし合って仲間と交流して踊ったりする楽しさや喜びを味わうことのできる運動である。以下,「小学校学習指導要領解説体育編」より,領域の構成および学習指導の要点についてみていくこととする。

(2) 表現運動系の構成

表現運動系の領域として,低学年は「表現リズム遊び」,中・高学年は「表現運動」で構成している。

表現リズム遊びは,「表現遊び」および「リズム遊び」で内容を構成してい

る。これらの運動遊びは，身近な動物や乗り物などの題材の特徴を捉え，そのものになりきって全身の動きで表現したり，軽快なリズムの音楽に乗って踊ったりする楽しさにふれることのできる運動遊びである。

表現運動は，中学年は「表現」および「リズムダンス」で，高学年は「表現」および「フォークダンス」で内容を構成している。

中・高学年の「表現」は，身近な生活などから題材を選んで，表したいイメージや思いを表現するのが楽しい運動であり，中学年の「リズムダンス」は，軽快なロックやサンバなどのリズムに乗って友達と関わって踊ることが楽しい運動である。

高学年の「フォークダンス」は，日本各地域の民踊と外国のフォークダンスで構成され，日本の地域や世界の国々で親しまれてきた踊りを身に付けてみんなで一緒に踊ることが楽しい運動であり，特定の踊り方を再現して踊る学習で進められるところが特徴である。

（3）表現運動系領域の学習指導の要点

表現運動の学習指導では，児童一人ひとりがこれらの踊りの楽しさや喜びに十分にふれることがねらいとなる。そのためには，児童のいまもっている力やその違いを生かせる題材や音楽を選ぶとともに，多様な活動や場を工夫して，一人ひとりの課題の解決に向けた創意工夫ができるようにすることが大切である。とくに中学年では，題材の特徴を捉えた多様な感じを表現することと全身でリズムに乗って踊ることを通して，仲間と関わり合いながら即興的に踊る経験を大切にし，高学年では，個人やグループのもち味を生かした題材の選択や簡単なひとまとまりの表現への発展など，個の違いの広がりに対応した進め方をすることが大切である。また，「表現」に加え「フォークダンス」の学習を通して地域や世界の文化にふれることも大切である。

なお，「表現」における技能では，「ひと流れの動きで即興的に踊ること」と「簡単なひとまとまりの動きにして動くこと」が大切である。

2　表現運動系領域の内容

(1) 知識及び技能

　表12-1は,「表現リズム遊び」「表現運動」において取り扱う運動（遊び）を発達段階ごとに整理したものである。

　低学年の「表現遊び」では，いろいろなものになりきりやすく，律動的な活動を好む低学年の子どもにふさわしく，身近で特徴がある動きを多く含む「動物」と「遊園地の乗り物」などがあげられている。「リズム遊び」では，弾んで踊れる軽快なロックやサンバの曲を取り上げて律動感を味わうことができる内容となっている。

　中学年では,「身近な生活からの題材」やそれと対比する「空想の世界からの題材」などから表したい題材を見つけ，その主な特徴や感じを捉えて「ひと流れの動き」で即興的に表現したり，表したい感じを中心に「はじめ」と「おわり」をつけた動きにして表現することがねらいとなる。とくに，題材の特徴を捉えた多様な感じの表現では，仲間と関わり合いながら即興的に踊る体験を大切にする。「リズムダンス」では，軽快なテンポやビートの強いロックやサンバのリズムに乗って全身で弾んで即興的に踊ったり，友達と自由に関わり合って楽しく踊ることができるようにする。

　高学年では,「激しい感じの題材」や「群が生きる題材」，また「多様な題材」の中から，表したい感じやイメージを強調するように，変化をつけた「ひと流れの動き」で即興的に表現したり，グループで「はじめ―なか―おわり」をつけた「簡単なひとまとまりの動き」にして，表現することができるようにする。「フォークダンス」では，日本の民謡や外国の踊りの踊り方の特徴を捉え，基本的なステップや動きを身に付け，地域や世界の文化にふれるようにする。

表12-1　表現運動領域で取り上げられている「知識及び技能」

		低学年	中学年	高学年
表現系	題材の例	・特徴が捉えやすく多様な感じを多く含む題材 ・特徴が捉えやすくスピードの変化のある動きを多く含む題材	・身近な生活からの題材 ・空想の世界からの題材	・激しい感じの題材 ・群（集団）が生きる題材 ・多様な題材
	ひと流れの動きで即興的に表現	・いろいろな題材の特徴や様子を捉え，高低の差や速さの変化のある全身の動きで即興的に踊る ・どこかに「大変だ！○○だ！」などの急変する場面を入れて簡単な話にして続けて踊る	・題材の主な特徴を捉え，動きに差をつけて誇張したり，表したい感じを2人組で対応する動きや対立する動きで変化をつけたりして，メリハリ（緩急・強弱）のあるひと流れの動きで即興的に踊る	・題材の特徴を捉えて，表したい感じやイメージを，動きに変化を付けたり繰り返したりして，メリハリ（緩急・強弱）のあるひと流れの動きにして即興的に踊る
	簡単なひとまとまりの動きで表現			・表したい感じやイメージを「はじめ―なか―おわり」の構成や群の動きを工夫して簡単なひとまとまりの動きで表現する
	発表の様子	・続けて踊る	・感じを込めて踊る	・感じを込めて通して踊る
リズム系	リズムの例	・弾んで踊れるようなロックやサンバなどの軽快なリズム	・軽快なテンポやビートの強いロックのリズム ・陽気で小刻みなビートのサンバのリズム	（加えて指導可）
	リズムに乗って全身で即興的に踊る	・へそ（体幹部）を中心に軽快なリズムの音楽に乗って即興的に踊る ・友達と関わって踊る	・ロックやサンバなどのリズムの特徴を捉えて踊る ・へそ（体幹部）を中心にリズムに乗って全身で即興的に踊る ・動きに変化をつけて踊る ・友達と関わり合って踊る	
	発表や交流	・友達と一緒に踊る	・踊りで交流する	
フォークダンス	踊りと特徴	（含めて指導可） ・軽快なリズムと易しいステップの繰り返しで構成される簡単なフォークダンス	（加えて指導可）	・日本の民踊：軽快なリズムの踊り，力強い踊り ・外国のフォークダンス：シングルサークルで踊る力強い踊り，パートナーチェンジのある軽快な踊り，特徴的な隊形と構成の踊り
	発表や交流	・友達と一緒に踊る		・踊りで交流する

出典：文部科学省（2017）179頁より。

（2）思考力，判断力，表現力等

表12-2は，表現運動系の領域の学習で必要な思考力，判断力，表現力等の具体例を，発達段階ごとに示したものである。

表12-2　表現運動領域で取り上げられている「思考力，判断力，表現力等」

低学年	中学年	高学年
身近な題材の特徴を捉えて踊ったり，軽快なリズムに乗って踊ったりする簡単な踊り方を工夫するとともに，考えたことを友達に伝える	自己の能力に適した課題を見付け，題材やリズムの特徴を捉えた踊り方や交流の仕方を工夫するとともに，考えたことを友達に伝える	自己やグループの課題の解決に向けて，表したい内容や踊りの特徴を捉えた練習や発表・交流の仕方を工夫するとともに，自己や仲間の考えたことを他者に伝える

出典：文部科学省（2017）182頁より。

その内容は2つの観点から述べられている。一つは表現運動に取り組む際の課題の見つけ方やその解決に向かう活動の工夫に関するものである。もう一つは，課題解決に向かう活動を通して感じたことや，考えたことを友達に伝えることである。表現運動領域の学習は，題材の特徴を捉えた多様な感じを表現することと，全身でリズムに乗って踊ることを通して，仲間と関わり合って楽しく踊ることである。友達同士で様子を見合い，評価をし合うことが重要になってくる。

（3）学びに向かう力，人間性等

表12-3は，表現運動系の領域の学習で求められる学びに向かう力，人間性等の内容を，発達段階ごとに示したものである。

表現運動系の領域の学習は，子どもたち一人ひとりの個性や違いが生かされ，

表12-3　表現運動領域で取り上げられている「学びに向かう力，人間性等」

低学年	中学年	高学年
運動遊びに進んで取り組み，誰とでも仲よく踊ったり，場の安全に気を付けたりすること	運動に進んで取り組み，誰とでも仲よく踊ったり，友達の動きや考えを認めたり，場の安全に気を付けたりすること	運動に積極的に取り組み，互いのよさを認め合い助け合って踊ったり，場の安全に気を配ったりすること

出典：文部科学省（2017）184頁より。

多くの可能性をもつ領域である。踊る楽しさや表現するおもしろさにふれ，友達の動きや考えを認め合い，お互いに助け合って，誰とでも仲良く踊ることができる姿勢を大切にしたい。

3　学習成果を高める表現運動系の授業づくり

（1）練習活動の工夫

体育授業を行う場面では，子どもが楽しく行えるような「効果的な場の工夫」と称される練習活動（学習活動）の工夫が多種多様に存在する。表現運動系の運動においても工夫は重要である。その一つに，村田（2011）による「身につけさせたい学習内容」がある。

> 何を　表したい「いろいろな○○にへんしん」のイメージ
> 　　　　（新聞紙，風船，ゴム，生き物，恐竜，遊園地の乗り物）
> どのように進めるか
> ○○のいろんなイメージを「ひと流れの動き」で即興的に踊る。
> みんなで気に入った動きを踊る。
> 〈やってみる〉　○○の特徴や様子をみんなで踊ってみる。
> 〈ひろげる①〉　もう一度，踊ってみたい○○を「ひと流れの動き」で踊る。
> 〈ひろげる②〉　気に入った動きをみんなで踊る。

題材として，形の変化が捉えやすく，多様な動きの質感を楽しむことができる新聞紙，風船，ゴム，特徴的な動きが捉えやすい生き物や遊園地の乗り物など毎時間題材を取り替えて，子どもたちが，いろいろなものの特徴を捉えて，楽しく踊れるように工夫をし，授業を展開していくことが教師に求められる。

（2）身近な物（新聞紙）を使っての工夫

児童にとって表現運動は，他の運動領域とは異なるスタイルの学びである。そのため，慣れない表現運動は心理面での不安が学習意欲を減退させることもある。このようなとき，子どもたちが普段見慣れている新聞紙を使った表現は，

第12章　表現運動系の領域の授業づくり

身近でいろいろな動きを見つけるのに効果的な教材である。具体物が目の前にあるので動きやすく、動きのおもしろさを体感することができる。新聞紙はいろいろな動きを見つけるのに効果的な教材である。

（3）学習カードの活用

　表現運動系の授業では、低・中・高学年にふさわしい題材から動きの特徴を捉え、イメージを広げて即興的に踊ることができるようにする。

　低学年は、何かになりきって動いたり、目の前の具体的なものに誘発されて体が動き出すなど、具体的な動きがわかりやすいものを変身対象として題材にしている。

　中学年は、思いきり動きたいという欲求が強く、非現実の題材を好み「忍者・探検」は魅力的な題材である。

　高学年は、ものの見方、感じ方、好みが多様で個人差があり、自分の心情と重ね合わせて表現できる「大変だ！」は魅力的な題材である。

　図12-1〜12-3は、学習カードの一例である。図12-1は低学年の表現遊び、図12-2は中学年表現、図12-3は高学年表現で使われるカードである。学習カードは児童からすると学びの進歩を知る、教師との意思疎通のツールとなるなど、様々な効果が考えられる。

　低学年では文章で書かせるよりもシールを貼る、色を塗るといった方法が効果的である。どんどんシールが増えていくことが、児童の運動に対する欲求を喚起する。このとき、毎時シールの色を変えることによって、教師からすると児童の学習の進み具合を知ることが容易になり、評価にも役立てることができる。

（4）ICTの活用

　学習面において、ICTの積極的な活用が推進されるようになってきている。体育科においても同様である。表現運動系の学習においては、イメージビデオやタブレット端末およびデジタルカメラの活用があげられる。前者は技（目指

いろんな乗り物にへんしん 年 くみ なまえ ( ) ○に色をぬりましょう	1	2	3	4	5	6
ともだちとなかよくおどれましたか。	○	○	○	○	○	○
からだをいっぱいつかっておどれましたか。	○	○	○	○	○	○
いろんな乗り物のうごきそっくりにおどれましたか。	○	○	○	○	○	○
ともだちのよかったところをみつけられましたか。	○	○	○	○	○	○

図12-1 表現遊び学習カードの例(低学年)

ジャングル探検 年 組 名前 ( ) 月 日	
友だちとかかわっておどれたか。	
体を大きくつかっておどれたか。	
探検のイメージを広げてなりきっておどれたか。	
友だちのよい動きを見つけたか。	
表し方をくふうしておどれたか。	
とてもよい ◎ よい ○ もう少し △	

図12-2 表現学習カードの例(中学年)

大変だ! 年 組 名前 ( ) 月 日	
イメージを広げ,なりきっておどれたか。	
友だちと協力しておどれたか。	
大きな動作で大げさにおどれたか。	
友だちにアドバイスができたか。	
友だちのよい動きを見つけられたか。	
空間を広く使っていろんな方向へ動くことができたか。	
とてもよい ◎ よい ○ もう少し △	
(感想)	

図12-3 表現学習カードの例(高学年)

す姿）のイメージを理解することにおいて，後者は自らの課題や進歩を理解することにおいて，それぞれの有効なツールになりうるものである。

これまで述べてきた練習活動や器械・器具・身近な物を使っての工夫，資料や学習カードおよびICTの活用を，取り組む技や発達段階に応じて積極的に展開することは，運動に対する児童の自立解決能力を高めることにつながっていく。

4　表現運動領域の授業実践例

(1)「表現運動」の指導を考える

本節では，体育科の学習指導案（学習指導案の作成）について，第4学年の「表現運動」領域の「体で文字を書こう」の具体例を示す。第4学年における「体で文字を書こう」のねらい・進め方について考えていきたい。

子どもたちは，1，2，3年生の間にいろいろな表現運動を体験して，多様な身体感覚やコミュニケーションの基礎を身に付け，踊りが好きになる段階に入っている。そこで，本単元は文字の特徴（はねやはらい）を捉えて，大きく体をつかって動き，友達と協力して文字からイメージを膨らませながらつくり上げていく。体全体で動く前に座位で腕全体を使って書くことで，その運動感覚を体全体に置き換えやすくなるようにした。

また，文字を空中に書くのか，床面に書くのか，描く面を伝えた。文字の形である縦線，横線，斜めの線などを明確にすることと，書くときの出だしの勢いと終わり方をどうするのかを表現することから展開していく。慣れてくると文字の意味を汲み取って表現することに挑戦させてみる。友達の見つけた動きを真似するなどして，お互いの良さを認め合う態度や，協力し合って学習する態度も身に付けさせたい。

この学年では，まだ見通しをもって活動することができないので，教師の指導を挟みながら次の段階に進めていく。次項では，ここまで述べてきたことを踏まえた学習指導案を示す。

（2）「体で文字を書こう」の指導案例

体育科学習指導案

指導者　〇〇　〇〇

1. 日　　時　平成〇年〇月〇日
2. 学年・組　第4学年1組（在籍30人）
3. 単　　元　体で文字を書こう
4. 単元の目標
   - 文字の特徴（はらいやはね）を捉えて動くようにする。（知識及び技能）
   - 友達と協力して，文字からイメージを膨らませながら作り上げる。（思考力，判断力，表現力等）
   - 漢字の意味の気持ちになって動くことが出来る。（学びに向かう力，態度等）
5. 指導計画（全6時間）

時　間	学習活動
第1校時	おへそを中心に体を大きく動かし，文字を書く。
第2校時	いろんな好きな文字を決めて，全身を使って書く。
第3校時	文字の特徴（はらいやはね）を捉えて動く。 漢字の意味の気持ちになって動く。グループで動いてみる。
第4校時	グループで好きな文字を選んで芸術作品にしてみる。
第5校時	グループで連想できる事象を考え，文字のもっているイメージを体で表す。
第6校時	グループで工夫した動きを，みんなに発表する。まとめ。

6. 単元について

〈教材観〉

　表現運動は，自己の心身を解き放して，イメージの世界に没入して表現するものになりきって踊ることが楽しい運動である。互いの良いところを生かし合って仲間と交流して踊る楽しさや喜びを味わうことのできる運動である。児童の今もっている力を生かせるような題材を選び，多様な活動の場を工夫して，一人一人の課題の解決に向けた創意工夫ができるようにしていくことが大切である。

　今回の内容についてみれば，「体で文字を書こう」では，文字の特徴を捉えて体全体を使って動けるようにする。友達と協力して，文字からイメージを膨らませながら作り上げていく。漢字の意味の気持ちになって動けるようにする。表現運動の活動を通して仲間と楽しく一緒に協力して踊ることや，友達の動きを認めることも大切な学習内容と

なる。
〈児童観〉
　本学級の子どもたちは，低学年の頃から表現遊びやリズム遊びの学習を経験してきている。そのため，実態調査で行った簡単なリズム遊びや踊りについて，自然と体を動かすことができる子どもがクラスの半分以上いる。特に軽快なリズムに乗って弾んで踊ることが好きである。
　少し気になることは，男女が一緒に活動することに抵抗を感じる子どもがいることである。男女が気兼ねなく協力し合える雰囲気は，学校においても学級経営においても非常に重要なことである。本単元の学習を通して，誰とでも協力できる雰囲気，自分を惜しみなく表現できる学級の雰囲気を作っていきたい。そのために，表現の活動を通して，自己存在感をもたせること，自己決定の場を与えること，誰とでもなかよく活動できる人間関係を作ることを目標にして，授業を進めていきたい。
〈指導観〉
　本単元では，ひらがなや漢字の特徴を捉えて体を大きく使って表現することを目標とした。
　最初はひらがなで自分の名前を体のいろんな部分を使って書いてみる。2人組になって1人が自分の好きなひらがなを書いたのを，もう1人が当てるということを行って，ひらがなを体で大きくしっかり書くことを取り入れた。今まで習った漢字を取り上げて体で表現することにした。文字の書き始めの始筆の勢いと終わり方をどうするのかを表現することにした。動きの引き出し方としては，「はね」や「はらい」など形や方向にも気づかせて動くようにした。文字のもっているイメージを膨らませながら体の動きで表現できるようにしていきたい。
　4人組になり，リーダーの動きを真似て動くことは，友達の動きを知ることになり，多様な動きを身につけることができる。友達と協力して文字を書くことの学習から，誰とでも一緒に活動ができて友達の動きを認めあえるような子どもにしていきたい。

7．本時（全6時間中の第3時）
　(1)　本時の目標
　　文字の特徴を捉えて，漢字の気持ちになって動く。
　(2)　本時の展開

	学習活動	指導の要点と言葉かけ
は	1．ひらがなでウォームアップ 　（あ・い・う・え・お）	・みんな一緒に，大きな筆をもっているつもりで「あ・い・う・え・お」（示範）を書きましょう。始筆からしっかり書くよ。 ・頭・胸・尻で自分の名前を大きく書いてみ

175

じめ 10分			・よう。 ・2人組になって，1人は相手に背中を向け，自分の名前を大きく書いて見せ合う。上も下も使って書くよ。 ・好きなひらがなを書いてお互いに当てっこをしてみよう。
なか 25分	2．先生と一緒に体で文字を書く。 ・板書されている漢字の特徴を捉えて，漢字の気持ちになって動く。 ・座ったまま「泳」「飛」を書く。 （はらい，止め，はね，曲線などを確認する。） ・その場に立ち上がって，一緒に「泳」を動く。 ・一緒に「飛」を動く。		・今日は漢字を書きます。訓読みと音読みを言ってみましょう。 ・座ったまま，一緒に大きく書きます。始筆はどこから入って，どっちの方に行くのかな？ ・「およぐ」と言ってから書くよ。 ・さんずいから，ちょん，ちょん，ちょーん…（書き終わったら）最後は何になって泳いでいくのかな？ イルカ？ タコ？ マグロ？ クジラ？ いろんな泳ぎの動きができたね。 ・ざーぴょん，てん，てん，しゅー，ちょん，しゅー，ざーぴょん，てん，てん，何になって飛んでいく？ 何になって飛んだのかな？ その気持ちになって飛んでるね。
	3．好きな漢字を選ぶ。 ・今までに習った漢字（先生がピックアップしたもの）を見て文字を選ぶ。 ・4人組になって，リーダーを交代して書く。		・漢字を体で思いっきり空中に書きましょう。漢字の気持ちになって動いてみましょう。どの漢字がいいかな？ ・4人組になって真似っこしましょう。1番の人の文字を真似ましょう。訓読み音読みを伝えてから書くよ。終筆になったら漢字の気持ちになって動いてみるよ。用意，スタート（太鼓を叩いて伴奏）。書けたら2番目の人も順番にするよ。 ・漢字の気持ちになって動けましたか。
	4．グループでまとめる。 ・一番やってみたい文字を1つ相談して選ぶ。		・グループで1つ作品にしてみよう。 ・今度は大きく床面に動いてみるよ。 ・最後はどうなるのかな？ ・「はね」や「はらい」をしっかり見せるといいね。
まとめ 10分	5．見せ合い。 ・近くの4人組と見せ合う。 ・本時の振り返りをする。		・当ててみて，どんな文字を表現しているかわかるかな？ ・文字の形をしっかり表現することができて，漢字の意味も表現できましたか。友達と協力して漢字を表現できましたか。

引用文献

村田芳子（2011）『新学習指導要領対応　表現運動――表現最新指導法』小学館。
文部科学省（2017）「小学校学習指導要領解説体育編」。

学習の課題

(1) 表現運動領域の特性と構成，学習指導の要点についてまとめてみよう。
(2) 表現運動領域の内容について概略を記し，それについての自分の考えを述べてみよう。
(3) 表現運動領域の学習成果を高めるために，楽しく学習できる題材選びや題材の特徴を捉え多様な動きを引き出す言葉かけの工夫を例示しよう。

【さらに学びたい人のための図書】

全国ダンス・表現運動授業研究会　著者代表　宮本乙女・中村恭子・中村なおみ（2015）『みんなでトライ！　表現運動の授業』大修館書店。
　⇨小学校の表現運動の学習指導を再現した指導内容とそのポイントが解説されている。表現運動の授業に初めて取り組む人にお勧めの一冊である。

村田芳子（2012）『新学習指導要領対応　表現運動――リズムダンスの最新指導法』小学館。
　⇨リズムダンスの考え方と具体的な授業の展開例が紹介されている。子どもが楽しく踊れて，動きのおもしろさを豊富に体験できる内容となっている。

いち go の会・根本正雄編（2000）『心と体を育てる体育授業上達セミナー9　表現運動の習熟過程』（『楽しい体育の授業』別冊）明治図書。
　⇨表現運動の指導の苦手な人にも指導ができるマニュアルの本となっている。楽しく学習できる題材選びから，抵抗なく取り組める導入の工夫，イメージや動きを引き出す言葉かけの工夫，「模倣・表現運動学習展開用例集」としてまとめられている。

（佐東恒子）

第13章　保健領域の授業づくり

この章で学ぶこと

体育科の7領域の中で，唯一運動領域でない保健領域の授業は，児童たちにとって学習事項の知識の定着が求められる。もっというならば，身に付けた知識を実生活の場において実践できることが求められる。そのためには，扱う題材が自らの身の回りに起こる事象として自分に近いものであることが大切になってくる。本章では保健領域の学習内容を知り，児童たちに知識の定着を図るべく教具や指導体制の工夫など，実際の学習展開について学ぶ。

1　保健領域の内容および構成

（1）保健の見方・考え方

新学習指導要領の体育科の目標をみてみると，その冒頭に「体育や保健の見方・考え方を働かせ」と記されている。ここで「保健の見方・考え方」について，「小学校学習指導要領解説体育編」では以下のように記されている。

　「保健の見方・考え方」とは，疾病や傷害を防止するとともに，生活の質や生きがいを重視した健康に関する観点を踏まえ，「個人及び社会生活における課題や情報を，健康や安全に関する原則や概念に着目して捉え，疾病等のリスクの軽減や生活の質の向上，健康を支える環境づくりと関連付けること」であると考えられる。小学校においては，特に身近な生活における課題や情報を，保健領域で学習する病気の予防やけがの手当の原則及び，健康で安全な生活についての概念等に着目して捉え，病気にかかったり，けがをしたりするリスクの軽減や心身の健康の保持増進と関連付け

ることが意図されている。

　すなわち，社会の変化に伴う現代的な健康に関する課題の出現や，情報化社会の進展により様々な健康情報の入手が容易になるなど，環境が大きく変化している中で，児童が生涯にわたって正しい健康情報を選択したり，健康に関する課題を適切に解決したりすることが求められる。その際，保健に関わる原則や概念を根拠とし，活用して，疾病等のリスクの軽減や生活の質の向上，さらには健康を支える環境づくりを目指して，情報選択や課題解決に主体的に取り組むことができるようにすることの必要性が示されている。こうした捉え方は，高橋（1996）が指摘する「健康教育のUターン構造」と合致するものである。

（2）保健領域の内容とねらい

　保健領域については，身近な生活における健康・安全に関する基礎的な内容を重視し，健康な生活を送る資質や能力の基礎を培うことが求められる。こうしたことからこれまでの内容を踏まえて，「健康な生活」「体の発育・発達」「心の健康」「けがの防止」および「病気の予防」の5つの内容から構成されている。図13-1～13-4は，それぞれの内容を構造的に示したものである。第3学年・第4学年で前者の2つの内容を，第5学年・第6学年では後者の3つ

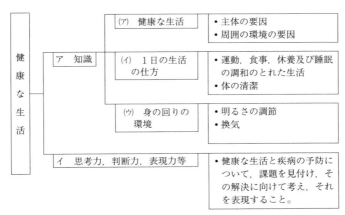

図13-1　「健康な生活」の内容
出典：文部科学省（2017）106頁より。

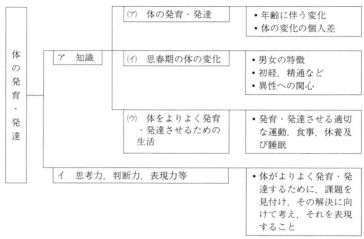

図13-2 「体の発育・発達」の内容
出典：文部科学省（2017）108頁より。

の内容を，それぞれ学習することになる。
① 健康な生活
　ここでは，健康の大切さを認識するとともに，家庭や学校における毎日の生活に関心をもち，健康によい生活を続けることについて課題を見つけ，それらの解決を目指して基礎的な知識を習得したり，解決の方法を考え，それを表現したりできるようにすることがねらいである。
　このため，この単元は，健康の状態は，主体の要因や周囲の環境の要因が関わっていること，健康に過ごすには，1日の生活の仕方が深く関わっていること，生活環境を整えることが必要であることなどの知識と健康な生活についての思考力，判断力，表現力等を中心として構成されている。
② 体の発育・発達
　ここでは，年齢に伴う変化および個人差，思春期の体の変化などについて課題を見つけ，それらの解決を目指して基礎的な知識を習得したり，解決の方法を考え，それを表現したりできるようにすることがねらいである。
　このため，この単元は，体は年齢に伴って変化すること，思春期になると体

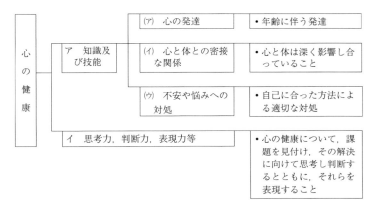

図13-3 「心の健康」の内容
出典：文部科学省（2017）150頁より。

に変化が起こること，体をよりよく発育・発達させるには，適切な運動，食事，休養および睡眠が必要であることなどの知識と体の発育・発達についての思考力，判断力，表現力等を中心として構成されている。

③ 心の健康

ここでは，心は年齢とともに発達することや心と体には密接な関係があることについて理解できるようにすること，および不安や悩みなどへの対処について課題を見つけ，それらの解決を目指して知識および技能を習得したり，解決の方法を考え，判断するとともに，それらを表現したりできるようにすることがねらいである。

このため，この単元は，心はいろいろな生活経験を通して年齢に伴って発達すること，また，心と体とは密接に関係していること，さらに，不安や悩みなどの対処にはいろいろな方法があることなどの知識および不安や悩みなどへの対処の技能と，心の健康についての思考力，判断力，表現力等を中心として構成されている。

④ けがの防止

ここでは，けがが発生する原因や防止の方法について課題を見つけ，それらの解決を目指して知識および技能を習得したり，解決の方法を考え，判断する

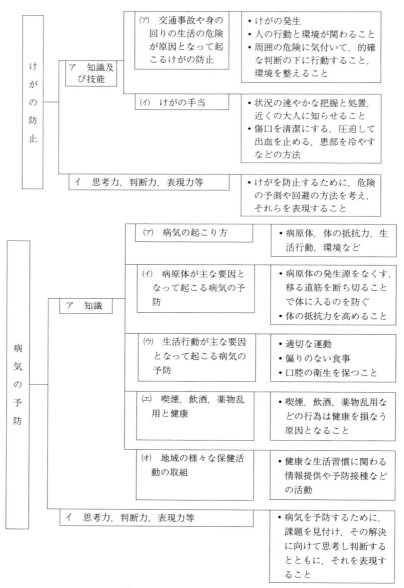

図13-4 「けがの防止」および「病気の予防」の内容
出典：文部科学省（2017）153, 156頁より。

とともに，それらを表現したりできるようにすることをねらいとしている。
　このため，この単元は，交通事故や身の回りの生活の危険が原因となって起こるけがなどを取り上げ，けがの起こり方とその防止，さらには，簡単な手当が理解できるようにすること，簡単な手当をすることなどの知識およびけがの手当の技能と，けがの防止についての思考力，判断力，表現力等を中心として構成されている。

⑤　病気の予防
　ここでは，病気の発生要因や予防の方法，喫煙，飲酒，薬物乱用が健康に与える影響などについて課題を見つけ，それらの解決を目指して知識を習得したり，解決の方法を考え，判断するとともにそれらを表現したりできるようにすることがねらいである。
　このため，この単元は，主として病原体が主な要因となって起こる病気と生活習慣病など生活行動が主な要因となって起こる病気の予防には，病原体を体の中に入れないことや病原体に対する体の抵抗力を高めること，および望ましい生活習慣を身に付けることが必要であること，喫煙，飲酒，薬物乱用などの行為は，健康を損なう原因となること，地域において保健に関わる様々な活動が行われていることなどの知識と病気の予防についての思考力，判断力，表現力等を中心として構成されている。

（3）保健領域で求められる内容構成

　保健については，中央教育審議会答申（2016年）では，先に述べた「保健の見方・考え方」を働かせて，資質・能力の3つの柱を育成する観点から，健康に関する「知識・技能」，健康問題の発見・解決のための「思考力・判断力・表現力等」，主体的に健康の保持増進や回復に取り組む態度等の「学びに向かう力・人間性等」に対応した目標，内容に改善することが記されている。
　その際，健康な生活と疾病の予防，心身の発育・発達と心の健康，健康と環境，障害の防止，社会生活と健康等の保健の基礎的な内容について，小学校，中学校，高等学校を通じて系統的な指導ができることを企図して，「知識及び

表 13-1　保健領域で取り上げられている「知識及び技能」

	小学校 第 3 学年	小学校 第 4 学年	小学校 第 5 学年	小学校 第 6 学年
保健領域	ア　健康な生活について理解すること。 (ア)　健康の状態は，主体の要因や周囲の環境の要因が関わっていること (イ)　運動，食事，休養及び睡眠の調和のとれた生活と体の清潔 (ウ)　明るさの調節，換気などの生活環境	ア　体の発育・発達について理解すること。 (ア)　年齢に伴う体の変化と個人差 (イ)　思春期の体の変化 ・体つきの変化 ・初経，精通など ・異性への関心の芽生え (ウ)　体をよりよく発育・発達させるための生活	ア　心の発達及び不安や悩みへの対処について理解するとともに，簡単な対処をすること。 (ア)　心の発達 (イ)　心と体との密接な関係 (ウ)　不安や悩みなどへの対処の知識及び技能	ア　病気の予防について理解すること。 (ア)　病気の起こり方 (イ)　病原体が主な要因となって起こる病気の予防 ・病原体が体に入るのを防ぐこと ・病原体に対する体の抵抗力を高めること (ウ)　生活習慣病など生活行動が主な要因となって起こる病気の予防 ・適切な運動，栄養の偏りのない食事をとること ・口腔の衛生を保つこと (エ)　喫煙，飲酒，薬物乱用と健康 ・健康を損なう原因 (オ)　地域の保健に関わる様々な活動
			ア　けがの防止に関する次の事項を理解するとともに，けがなどの簡単な手当をすること。 (ア)　交通事故や身の回りの生活の危険が原因となって起こるけがの防止 ・周囲の危険に気付くこと ・的確な判断の下に安全に行動すること ・環境を安全に整えること (イ)　けがなどの簡単な手当の知識及び技能	

出典：文部科学省（2017）180頁より。

表13-2　保健領域で取り上げられている「思考力，判断力，表現力等」

	小学校 第3学年	小学校 第4学年	小学校 第5学年	小学校 第6学年
保健領域	イ　健康な生活について課題を見付け，その解決に向けて考え，それを表現すること。	イ　体がよりよく発育・発達するために，課題を見付け，その解決に向けて考え，それを表現すること。	イ　心の健康について，課題を見付け，その解決に向けて思考し判断するとともに，それらを表現すること。	イ　病気を予防するために，課題を見付け，その解決に向けて思考し判断するとともに，それらを表現すること。
			イ　けがを防止するために，危険の予測や回避の方法を考え，それらを表現すること。	

出典：文部科学省（2017）186頁より。

技能」「思考力，判断力，表現力等」の内容が構成されている。

　なお，運動領域においては，豊かなスポーツライフを実現することを重視し，これまで「態度」を指導内容として示してきたことから，「学びに向かう力，人間性等」に対応した内容が示されているが，保健領域については「知識及び技能」「思考力，判断力，表現力等」のみ示されている。

　表13-1は，保健領域における「知識及び技能」の内容を，表13-2は「思考力，判断力，表現力等」の内容を，それぞれ示したものである。このように，第3学年・第4学年では，「健康な生活」および「体の発育・発達」の知識と思考力，判断力，表現力等の指導内容が明確にされ，内容が構成されている。また，第5学年・第6学年では，「心の健康」「けがの防止」の知識および技能，「病気の予防」の知識と，それぞれの思考力，判断力，表現力等の指導内容が明確にされ，内容が構成されている。

2　学習成果を高める保健領域系の授業づくり

(1)「認識が深まる」保健授業

　保健授業を通して，「認識が深まる」子どもの姿とはどのようなものであろ

うか。今村（2017）は，子どもの認識の変化・変容について次のように述べている。

　まず，「知らない」ことから「知る」ことへの変化である。今村はこれを「量的」な変化・変容とし，授業の前にはまったく知らなかったことを知って，知識・認識の量が増えた状態を指す。

　次に，「観念的」に知っていることから「具体的」に知る・わかることへの変化，「感覚的」に知っていることから「理論的」に知る・わかることへの変化，「部分的」に知っていることから「全体的」に知る・わかることへの変化である。今村はこうした変化・変容を「質的」なものとし，学んだ結果，授業の前よりも，さらにより認識が深まった状態であるとしている。

　今村は具体的に上記の「質的」な変化・変容を「喫煙の害」を例に説明している。多くの子どもは，たばこが体に悪いことを何となく観念的に知っている。授業を受けた結果，その害は，たとえば肺がんを引き起こしたり，血管収縮を起こしたりすることであると，具体的に知り，わかる。また子どもは，たばこの煙は毒だと感覚的に知っているが，学習の結果，それは主にニコチン・タール・一酸化炭素による身体への悪影響だと理論的に知り，わかる。さらに子どもは，たばこを吸うと自分自身が肺がんになりやすいと部分的に知っているが，授業後には，肺がん以外のがんへの悪影響や受動喫煙の害もあることなどを全体的に知り，わかるようになるというものである。

　この「質的」な変化・変容の3つには順序性はなく，かつ三者の間には重なる部分があると思われるが，認識の変化・変容・深まりについて理解しようとした際，有益な整理だと考えられる。保健授業では，こうした具体的，理論的，全体的な説明ができるような子どもを育てるべきだと考える。

（2）自分の経験や日常の生活をもとに課題を捉える

　保健学習を通して，子どもたちには「子どもたちが保健学習で学んだことを，実生活の中で活かし，よりよい生活者として実践していく姿」を期待したい。このためには，学習課題が自らの経験から振り返れるものや実生活の中に生起

するものであることが求められる。実体験や実生活とかけ離れた授業では，単なる知識の伝達になってしまいがちである。保健学習の授業の成否は，こうした課題設定が大切になってくる。

　たとえば，睡眠時間がテーマの学習を行う場合，事前に子どもたちがどれくらいの時刻に寝ているのか，あるいは起きているのかの調査を行ってその結果を題材にしたり，けがの防止がテーマの学習を行う場合，これまでの自分のけがの経験やそのときの対処を想起させたりすることで，課題をより身近なものと感じることができる（物部，2017）。

（3）掲示物の工夫や映像資料の活用

　保健領域の授業では，運動領域の授業以上に知識の定着が求められる。子どもたちにとっては学習の中で，初めて知る用語や専門的な用語と出合うことになる。こうした知識を定着させるためには様々な工夫が求められる。

　図13-5は，保健学習（3年生）の授業場面における掲示物の一例を示したものである。

　黒板の掲示物を見ると，「くうき中〈せき，くしゃみ，つば〉」「手あらい」といった重要語句や「サルモネラ菌」「ブドウきゅう菌」といった専門用語にフラッシュカードを用いていることがわかる。さらに，背景色を変える（たとえば，前者は白色，後者は青色にしている）工夫が施されている。また，インフル

図13-5　保健学習における掲示物の一例

エンザウィルスやサルモネラ菌の実物の写真を用意したり,「子ども」や「手と手が触れ合う」絵を用意したりといった工夫も認められる。

このように,掲示物の工夫により児童の理解を促したり,視覚的な印象から理解の定着を試みたりしていることが見て取れる。

近年では保健学習の内容理解を助長するDVD等の映像資料が多く存在する。こうした映像資料の活用も効果的である。その際,資料の内容や視聴に要する時間等を確認し,「DVDを見ただけで終わった」ということにならないように留意する必要がある。

(4) 指導体制や活動の工夫

保健の学習においては,ティームティーチング(以下,TT体制)による授業も効果的である。このとき,積極的に活用していきたい人材は養護教諭である。学習内容に病気やけがといった身体に関する事項が多いため,そうした知識を豊富に有している養護教諭に授業に参加してもらうのである。たとえば,T1として担任教師が授業を進めていき,知識や技術の説明や解説を養護教諭に任せるのである。これにより,子どもの養護教諭への信頼感が高まるといった副次的効果も期待できる。他にも,学習内容に応じてそれに精通する専門家をゲストティーチャーとして招くといった方法も考えられる。

また,「応急処置を実際に行ってみる」など,実習や実験的な活動を取り入れていくことも望ましい。頭で理解することから身体でわかることへの転換である。こうした視点をもって授業を考えていくことが,子どもたちを実生活の場面で実践できる人に育てていくことにつながっていくと考えらえる。

３ 保健領域の授業実践例

(1)「健康な生活」の授業を考える

ここでは,3年生の「健康な生活」の授業について考える。本単元では,健康な生活を送るためには,睡眠,食事,運動と気持ちが大切であることを学ば

せる。そのため，まず，アンケートにより子どもたちの実態調査を行う。そこから得られた結果をもとに上記の視点から自らの生活をよりよいものに改善していこうとするように誘うのである。

この時期の子どもたちは，自分のことを客観的に振り返ることは難しい。そこで「ゲンキくん」という第三者を登場させ，「ゲンキくん」の生活の改善案を考えることを通して，自分のことへとつなげていくことにした。これにより，より的確な改善案が導出できると考える。また，養護教諭や栄養教諭によるTT体制も活用していく。これにより，専門的知識を有する教員の特性を活かし，知識の定着を図りたい。

この単元は，子どもたちにとって重要な用語にふれる機会になる。それらを効率よく理解するために，掲示物の工夫を心がけたい。フラッシュカードや写真等を活用し，視覚的な支援を行っていくこととした。

次項では，本単元についての学習指導案の具体を例示する。

（2）「健康な生活」の指導案例

体育科（保健）学習指導案

指導者　〇〇　〇〇

1．日　　時　平成〇年〇月〇日
2．学年・組　第3学年1組（在籍30人）
3．単　　元　「けんこうな生活」
4．単元の目標
- 健康には，体・心の状態，また環境を整えることが大切であること，健康の保持増進には，1日の生活の仕方が深く関わっており，1日の生活リズムに合わせて，食事や運動，保養及び睡眠をとることが必要であることを理解する。（知識及び技能）
- 自分の生活を振り返り，健康に良い生活に関する適切な方法を実践的に考え，判断し，それらを表す。（思考力，判断力，表現力等）
- 自分の生活を見直すことを通して，健康に良い1日の生活の仕方を実践する意欲や，生活環境を整えるために自分でできることを実践する意欲を持てるようにする。（学びに向かう力，態度等）

5．指導計画（全4時間）
　　第一次
　　　第1時　・自分の健康チェックの振り返りをもとに，アドバイスをする。
　　（本時）・自分たちが毎日「ばっちり」でいられるための作戦を考える。
　　第二次
　　　第2時　・健康には，1日の生活の仕方が深く関わっており，1日のリズムに合わせて食事，運動，休養および睡眠をとることが大切だということを知る。
　　　第3時　・健康には，体や衣服などの清潔を保つことが必要であることを知る。
　　　第4時　・健康には，部屋の明るさの調整や換気などの生活環境を整えることが必要であることを知る。
　　　　　　・健康な生活をしていくために実践していくことを考える。

6．単元について
　第3学年の「けんこうな生活」は，保健の学習の始まりとして，自分の生活を見直し，実践する意識を育てることから始まる。そのために，毎日の生活をふり返り，日常生活が自分の体と深く関わっていることを理解させることが重要である。また，理解したことを実生活で実践していくことが大切になってくる。すなわち，児童の意識をどのように変容させていくかが鍵となる。

　本単元を実施するにあたり，児童が日々どんな生活を送っているのか，また健康についてどのような意識を持っているのかについて，アンケートを実施した。その結果，苦手な食べ物を残さず食べている児童が多いが，給食では食べるが家では食べないなど，残してしまう児童もクラスの3分の1程度いたこと，体を動かすことが好きな児童が多く，1時間以外で遊んでいる児童がクラスの3分の2程度いたこと，就寝時刻においては，9時半までに寝ている児童は半分しかおらず，10時より遅い時刻に寝ている児童が6人いたこと等が明らかになった。また，毎日タオルやハンカチを持ってきている児童は半分しかおらず，洗った手や汗の始末がきちんとできていないものと考えられた。

　他にも，生活面で気をつけることは理解できているが，心に関する記述や換気や照度に触れている児童は全くいなかった。こうしたことから，健康について，自覚はあるものの意識・行動が伴っていない現状がうかがえた。本単元の学習を通して，健康な体には心の面も関係することや，食事，運動，休養及び睡眠をとり，生活リズムを整えることだけでなく，生活環境を整えることも意識させたい。

　そこで本単元では，指導の工夫として，保健の内容を単に知識として覚えるだけでなく，学習の主体者である児童の学習意欲を高めたり，思考を深めたりする学習にしていきたいと考えた。そのために，児童自身が疑問に思ったり考えたことを，話し合ったり

人に聞いたりして深められるようにしたい。また，自分の体の状態をふり返り，健康な状況でいるにはどうすればよいかを考えさせ，養護教諭や栄養教諭に具体的なアドバイスをもらいながら，実際に自分でできる実践に結びつけていきたい。併せて，掲示物や資料を工夫し，児童の知識の定着を図っていくこととする。

7．本時の目標（1／4）

健康な状態に関わる要因を知り，毎日健康でいられるための目標や工夫を考えようとする。

8．本時の展開

	学習活動	指導上の留意点・支援（＊評価の観点）
はじめ	・1週間の健康チェックを振り返る。 ・本時の課題を確かめる。	・健康チェックの振り返りをもとに，本時の課題につなげる。
なか	・健康な状態でいるためには，4つの視点があることを知る。 ・ゲンキくんへのアドバイスを考える。 ・毎日ばっちりでいられるようにクラスでできる作戦を考える。 ・グループ毎に考えた作戦を発表する。	・振り返り表をもとに，①ねる，②食べる，③気持ち，④運動の4つの視点があることを知らせる。（＊健康な状態に関わる要因を知り，毎日健康でいられるための目標や工夫を考えようとしている。） ・4つの視点で，アドバイスを考えさせる。 ・自分の振り返りをもとに，ばっちりになるためにどうするかについて考えさせる。 ・気持ち，運動の2つの視点に分かれ，作戦を考えさせる。 （＊健康な状態に関わる要因を知り，自分の経験に即して毎日健康でいられるための目標や工夫を考えようとしている。） ・気持ちグループ，運動グループに分かれて，自分たちでできる作戦をホワイトボードにまとめさせる。 ・自分の生活を振り返らせ，どのような時に元気になったかを思い出させる。
まとめ	・今日の学習の振り返りをワークシートに書く。	・健康には様々な要素が関係していることを押さえる。 ・本時の学習の取り組みを活かして一週間の実践を行うことを確認する。

引用文献

今村修（2017）「保健授業で『認識が深まる』とは何か」『体育科教育』第65巻9号，38～41頁．

高橋浩之（1996）『健康教育への招待』大修館書店。
物部博文（2017）「保健の『見方・考え方』を働かせた深い学びを求めて」『体育科教育』第65巻11号，24～27頁。
文部科学省（2017）「小学校学習指導要領解説体育編」。

> **学習の課題**
> (1) 保健領域の学習の内容とねらいについてまとめてみよう。
> (2) 効果的な保健学習を展開するための視点について記すとともに，それについての自分の考えを述べてみよう。
> (3) 子どもたちが保健領域の学習で学んだ知識や技術を実生活で活かせるにはどのような手立てが必要か，自分の考えを述べてみよう。

【さらに学びたい人のための図書】
佐藤健太（2017）「実生活を通して健康を学ぶ」『体育科教育』第65巻9号，34～37頁。
　⇨学習指導要領改訂期，これからの保健領域の授業づくりについての課題，効果的な学習を進めるための方向性が述べられている。
渡邉正樹（2017）『学校保健概論［第2版］』光生館。
　⇨学校保健学について，その基礎・基本が簡潔にまとめられたテキスト。新学習指導要領等の情報が盛り込まれている。

（山口孝治）

小学校学習指導要領
第2章 第9節 体育

第1 目標

体育や保健の見方・考え方を働かせ、課題を見付け、その解決に向けた学習過程を通して、心と体を一体として捉え、生涯にわたって心身の健康を保持増進し豊かなスポーツライフを実現するための資質・能力を次のとおり育成することを目指す。
(1) その特性に応じた各種の運動の行い方及び身近な生活における健康・安全について理解するとともに、基本的な動きや技能を身に付けるようにする。
(2) 運動や健康についての自己の課題を見付け、その解決に向けて思考し判断するとともに、他者に伝える力を養う。
(3) 運動に親しむとともに健康の保持増進と体力の向上を目指し、楽しく明るい生活を営む態度を養う。

第2 各学年の目標及び内容

〔第1学年及び第2学年〕

1 目標
(1) 各種の運動遊びの楽しさに触れ、その行い方を知るとともに、基本的な動きを身に付けるようにする。
(2) 各種の運動遊びの行い方を工夫するとともに、考えたことを他者に伝える力を養う。
(3) 各種の運動遊びに進んで取り組み、きまりを守り誰とでも仲よく運動をしたり、健康・安全に留意したりし、意欲的に運動をする態度を養う。

2 内容
A 体つくりの運動遊び
　体つくりの運動遊びについて、次の事項を身に付けることができるよう指導する。
(1) 次の運動遊びの楽しさに触れ、その行い方を知るとともに、体を動かす心地よさを味わったり、基本的な動きを身に付けたりすること。
ア　体ほぐしの運動遊びでは、手軽な運動遊びを行い、心と体の変化に気付いたり、みんなで関わり合ったりすること。
イ　多様な動きをつくる運動遊びでは、体のバランスをとる動き、体を移動する動き、用具を操作する動き、力試しの動きをすること。
(2) 体をほぐしたり多様な動きをつくったりする遊び方を工夫するとともに、考えたことを友達に伝えること。
(3) 運動遊びに進んで取り組み、きまりを守り誰とでも仲よく運動をしたり、場の安全に気を付けたりすること。
B 器械・器具を使っての運動遊び
　器械・器具を使っての運動遊びについて、次の事項を身に付けることができるよう指導する。
(1) 次の運動遊びの楽しさに触れ、その行い方を知るとともに、その動きを身に付けること。
ア　固定施設を使った運動遊びでは、登り下りや懸垂移行、渡り歩きや跳び下りをすること。
イ　マットを使った運動遊びでは、いろいろな方向への転がり、手で支えての体の保持や回転をすること。
ウ　鉄棒を使った運動遊びでは、支持しての揺れや上がり下り、ぶら下がりや易しい回転をすること。
エ　跳び箱を使った運動遊びでは、跳び乗りや跳び下り、手を着いてのまたぎ乗りやまたぎ下りをすること。
(2) 器械・器具を用いた簡単な遊び方を工夫するとともに、考えたことを友達に伝えること。
(3) 運動遊びに進んで取り組み、順番やきまりを守り誰とでも仲よく運動をしたり、場や器械・器具の安全に気を付けたりすること。
C 走・跳の運動遊び
　走・跳の運動遊びについて、次の事項を身に付けることができるよう指導する。
(1) 次の運動遊びの楽しさに触れ、その行い方を知るとともに、その動きを身に付けること。
ア　走の運動遊びでは、いろいろな方向に走ったり、低い障害物を走り越えたりすること。
イ　跳の運動遊びでは、前方や上方に跳んだり、連続して跳んだりすること。
(2) 走ったり跳んだりする簡単な遊び方を工夫するとともに、考えたことを友達に伝えること。
(3) 運動遊びに進んで取り組み、順番やきまりを守り誰とでも仲よく運動をしたり、勝敗を受け入れたり、場の安全に気を付けたりすること。

D 水遊び

水遊びについて，次の事項を身に付けることができるよう指導する。

(1) 次の運動遊びの楽しさに触れ，その行い方を知るとともに，その動きを身に付けること。

ア 水の中を移動する運動遊びでは，水につかって歩いたり走ったりすること。

イ もぐる・浮く運動遊びでは，息を止めたり吐いたりしながら，水にもぐったり浮いたりすること。

(2) 水の中を移動したり，もぐったり浮いたりする簡単な遊び方を工夫するとともに，考えたことを友達に伝えること。

(3) 運動遊びに進んで取り組み，順番やきまりを守り誰とでも仲よく運動をしたり，水遊びの心得を守って安全に気を付けたりすること。

E ゲーム

ゲームについて，次の事項を身に付けることができるよう指導する。

(1) 次の運動遊びの楽しさに触れ，その行い方を知るとともに，易しいゲームをすること。

ア ボールゲームでは，簡単なボール操作と攻めや守りの動きによって，易しいゲームをすること。

イ 鬼遊びでは，一定の区域で，逃げる，追いかける，陣地を取り合うなどをすること。

(2) 簡単な規則を工夫したり，攻め方を選んだりするとともに，考えたことを友達に伝えること。

(3) 運動遊びに進んで取り組み，規則を守り誰とでも仲よく運動をしたり，勝敗を受け入れたり，場や用具の安全に気を付けたりすること。

F 表現リズム遊び

表現リズム遊びについて，次の事項を身に付けることができるよう指導する。

(1) 次の運動遊びの楽しさに触れ，その行い方を知るとともに，題材になりきったりリズムに乗ったりして踊ること。

ア 表現遊びでは，身近な題材の特徴を捉え，全身で踊ること。

イ リズム遊びでは，軽快なリズムに乗って踊ること。

(2) 身近な題材の特徴を捉えて踊ったり，軽快なリズムに乗って踊ったりする簡単な踊り方を工夫するとともに，考えたことを友達に伝えること。

(3) 運動遊びに進んで取り組み，誰とでも仲よく踊ったり，場の安全に気を付けたりすること。

3 内容の取扱い

(1) 内容の「A体つくりの運動遊び」については，2学年間にわたって指導するものとする。

(2) 内容の「C走・跳の運動遊び」については，児童の実態に応じて投の運動遊びを加えて指導することができる。

(3) 内容の「F表現リズム遊び」の(1)のイについては，簡単なフォークダンスを含めて指導することができる。

(4) 学校や地域の実態に応じて歌や運動を伴う伝承遊び及び自然の中での運動遊びを加えて指導することができる。

(5) 各領域の各内容については，運動と健康が関わっていることについての具体的な考えがもてるよう指導すること。

〔第3学年及び第4学年〕

1 目 標

(1) 各種の運動の楽しさや喜びに触れ，その行い方及び健康で安全な生活や体の発育・発達について理解するとともに，基本的な動きや技能を身に付けるようにする。

(2) 自己の運動や身近な生活における健康の課題を見付け，その解決のための方法や活動を工夫するとともに，考えたことを他者に伝える力を養う。

(3) 各種の運動に進んで取り組み，きまりを守り誰とでも仲よく運動をしたり，友達の考えを認めたり，場や用具の安全に留意したりし，最後まで努力して運動をする態度を養う。また，健康の大切さに気付き，自己の健康の保持増進に進んで取り組む態度を養う。

2 内 容

A 体つくり運動

体つくり運動について，次の事項を身に付けることができるよう指導する。

(1) 次の運動の楽しさや喜びに触れ，その行い方を知るとともに，体を動かす心地よさを味わったり，基本的な動きを身に付けたりするこ

と。
ア 体ほぐしの運動では，手軽な運動を行い，心と体の変化に気付いたり，みんなで関わり合ったりすること。
イ 多様な動きをつくる運動では，体のバランスをとる動き，体を移動する動き，用具を操作する動き，力試しの動きをし，それらを組み合わせること。
(2) 自己の課題を見付け，その解決のための活動を工夫するとともに，考えたことを友達に伝えること。
(3) 運動に進んで取り組み，きまりを守り誰とでも仲よく運動をしたり，友達の考えを認めたり，場や用具の安全に気を付けたりすること。
B 器械運動
　器械運動について，次の事項を身に付けることができるよう指導する。
(1) 次の運動の楽しさや喜びに触れ，その行い方を知るとともに，その技を身に付けること。
ア マット運動では，回転系や巧技系の基本的な技をすること。
イ 鉄棒運動では，支持系の基本的な技をすること。
ウ 跳び箱運動では，切り返し系や回転系の基本的な技をすること。
(2) 自己の能力に適した課題を見付け，技ができるようになるための活動を工夫するとともに，考えたことを友達に伝えること。
(3) 運動に進んで取り組み，きまりを守り誰とでも仲よく運動をしたり，友達の考えを認めたり，場や器械・器具の安全に気を付けたりすること。
C 走・跳の運動
　走・跳の運動について，次の事項を身に付けることができるよう指導する。
(1) 次の運動の楽しさや喜びに触れ，その行い方を知るとともに，その動きを身に付けること。
ア かけっこ・リレーでは，調子よく走ったりバトンの受渡しをしたりすること。
イ 小型ハードル走では，小型ハードルを調子よく走り越えること。
ウ 幅跳びでは，短い助走から踏み切って跳ぶこと。

エ 高跳びでは，短い助走から踏み切って跳ぶこと。
(2) 自己の能力に適した課題を見付け，動きを身に付けるための活動や競争の仕方を工夫するとともに，考えたことを友達に伝えること。
(3) 運動に進んで取り組み，きまりを守り誰とでも仲よく運動をしたり，勝敗を受け入れたり，友達の考えを認めたり，場や用具の安全に気を付けたりすること。
D 水泳運動
　水泳運動について，次の事項を身に付けることができるよう指導する。
(1) 次の運動の楽しさや喜びに触れ，その行い方を知るとともに，その動きを身に付けること。
ア 浮いて進む運動では，け伸びや初歩的な泳ぎをすること。
イ もぐる・浮く運動では，息を止めたり吐いたりしながら，いろいろなもぐり方や浮き方をすること。
(2) 自己の能力に適した課題を見付け，水の中での動きを身に付けるための活動を工夫するとともに，考えたことを友達に伝えること。
(3) 運動に進んで取り組み，きまりを守り誰とでも仲よく運動をしたり，友達の考えを認めたり，水泳運動の心得を守って安全に気を付けたりすること。
E ゲーム
　ゲームについて，次の事項を身に付けることができるよう指導する。
(1) 次の運動の楽しさや喜びに触れ，その行い方を知るとともに，易しいゲームをすること。
ア ゴール型ゲームでは，基本的なボール操作とボールを持たないときの動きによって，易しいゲームをすること。
イ ネット型ゲームでは，基本的なボール操作とボールを操作できる位置に体を移動する動きによって，易しいゲームをすること。
ウ ベースボール型ゲームでは，蹴る，打つ，捕る，投げるなどのボール操作と得点をとったり防いだりする動きによって，易しいゲームをすること。
(2) 規則を工夫したり，ゲームの型に応じた簡単な作戦を選んだりするとともに，考えたこと

を友達に伝えること。
(3) 運動に進んで取り組み，規則を守り誰とでも仲よく運動をしたり，勝敗を受け入れたり，友達の考えを認めたり，場や用具の安全に気を付けたりすること。
　F　表現運動
　表現運動について，次の事項を身に付けることができるよう指導する。
(1) 次の運動の楽しさや喜びに触れ，その行い方を知るとともに，表したい感じを表現したりリズムに乗ったりして踊ること。
　ア　表現では，身近な生活などの題材からその主な特徴を捉え，表したい感じをひと流れの動きで踊ること。
　イ　リズムダンスでは，軽快なリズムに乗って全身で踊ること。
(2) 自己の能力に適した課題を見付け，題材やリズムの特徴を捉えた踊り方や交流の仕方を工夫するとともに，考えたことを友達に伝えること。
(3) 運動に進んで取り組み，誰とでも仲よく踊ったり，友達の動きや考えを認めたり，場の安全に気を付けたりすること。
　G　保健
(1) 健康な生活について，課題を見付け，その解決を目指した活動を通して，次の事項を身に付けることができるよう指導する。
　ア　健康な生活について理解すること。
　　(ア)　心や体の調子がよいなどの健康の状態は，主体の要因や周囲の環境の要因が関わっていること。
　　(イ)　毎日を健康に過ごすには，運動，食事，休養及び睡眠の調和のとれた生活を続けること。また，体の清潔を保つことなどが必要であること。
　　(ウ)　毎日を健康に過ごすには，明るさの調節，換気などの生活環境を整えることなどが必要であること。
　イ　健康な生活について課題を見付け，その解決に向けて考え，それを表現すること。
(2) 体の発育・発達について，課題を見付け，その解決を目指した活動を通して，次の事項を身に付けることができるよう指導する。

　ア　体の発育・発達について理解すること。
　　(ア)　体は，年齢に伴って変化すること。また，体の発育・発達には，個人差があること。
　　(イ)　体は，思春期になると次第に大人の体に近づき，体つきが変わったり，初経，精通などが起こったりすること。また，異性への関心が芽生えること。
　　(ウ)　体をよりよく発育・発達させるには，適切な運動，食事，休養及び睡眠が必要であること。
　イ　体がよりよく発育・発達するために，課題を見付け，その解決に向けて考え，それを表現すること。
3　内容の取扱い
(1) 内容の「A体つくり運動」については，2学年間にわたって指導するものとする。
(2) 内容の「C走・跳の運動」については，児童の実態に応じて投の運動を加えて指導することができる。
(3) 内容の「Eゲーム」の(1)のアについては，味方チームと相手チームが入り交じって得点を取り合うゲーム及び陣地を取り合うゲームを取り扱うものとする。
(4) 内容の「F表現運動」の(1)については，学校や地域の実態に応じてフォークダンスを加えて指導することができる。
(5) 内容の「G保健」については，(1)を第3学年，(2)を第4学年で指導するものとする。
(6) 内容の「G保健」の(1)については，学校でも，健康診断や学校給食など様々な活動が行われていることについて触れるものとする。
(7) 内容の「G保健」の(2)については，自分と他の人では発育・発達などに違いがあることに気付き，それらを肯定的に受け止めることが大切であることについて触れるものとする。
(8) 各領域の各内容については，運動と健康が密接に関連していることについての具体的な考えがもてるよう指導すること。
〔第5学年及び第6学年〕
1　目標
(1) 各種の運動の楽しさや喜びを味わい，その行い方及び心の健康やけがの防止，病気の予防について理解するとともに，各種の運動の特性

資　料

に応じた基本的な技能及び健康で安全な生活を営むための技能を身に付けるようにする。
(2) 自己やグループの運動の課題や身近な健康に関わる課題を見付け，その解決のための方法や活動を工夫するとともに，自己や仲間の考えたことを他者に伝える力を養う。
(3) 各種の運動に積極的に取り組み，約束を守り助け合って運動をしたり，仲間の考えや取組を認めたり，場や用具の安全に留意したりし，自己の最善を尽くして運動をする態度を養う。また，健康・安全の大切さに気付き，自己の健康の保持増進や回復に進んで取り組む態度を養う。

2　内　容
A　体つくり運動
　体つくり運動について，次の事項を身に付けることができるよう指導する。
(1) 次の運動の楽しさや喜びを味わい，その行い方を理解するとともに，体を動かす心地よさを味わったり，体の動きを高めたりすること。
　ア　体ほぐしの運動では，手軽な運動を行い，心と体との関係に気付いたり，仲間と関わり合ったりすること。
　イ　体の動きを高める運動では，ねらいに応じて，体の柔らかさ，巧みな動き，力強い動き，動きを持続する能力を高めるための運動をすること。
(2) 自己の体の状態や体力に応じて，運動の行い方を工夫するとともに，自己や仲間の考えたことを他者に伝えること。
(3) 運動に積極的に取り組み，約束を守り助け合って運動をしたり，仲間の考えや取組を認めたり，場や用具の安全に気を配ったりすること。

B　器械運動
　器械運動について，次の事項を身に付けることができるよう指導する。
(1) 次の運動の楽しさや喜びを味わい，その行い方を理解するとともに，その技を身に付けること。
　ア　マット運動では，回転系や巧技系の基本的な技を安定して行ったり，その発展技を行ったり，それらを繰り返したり組み合わせたりすること。

　イ　鉄棒運動では，支持系の基本的な技を安定して行ったり，その発展技を行ったり，それらを繰り返したり組み合わせたりすること。
　ウ　跳び箱運動では，切り返し系や回転系の基本的な技を安定して行ったり，その発展技を行ったりすること。
(2) 自己の能力に適した課題の解決の仕方や技の組み合わせ方を工夫するとともに，自己や仲間の考えたことを他者に伝えること。
(3) 運動に積極的に取り組み，約束を守り助け合って運動をしたり，仲間の考えや取組を認めたり，場や器械・器具の安全に気を配ったりすること。

C　陸上運動
　陸上運動について，次の事項を身に付けることができるよう指導する。
(1) 次の運動の楽しさや喜びを味わい，その行い方を理解するとともに，その技能を身に付けること。
　ア　短距離走・リレーでは，一定の距離を全力で走ったり，滑らかなバトンの受渡しをしたりすること。
　イ　ハードル走では，ハードルをリズミカルに走り越えること。
　ウ　走り幅跳びでは，リズミカルな助走から踏み切って跳ぶこと。
　エ　走り高跳びでは，リズミカルな助走から踏み切って跳ぶこと。
(2) 自己の能力に適した課題の解決の仕方，競争や記録への挑戦の仕方を工夫するとともに自己や仲間の考えたことを他者に伝えること。
(3) 運動に積極的に取り組み，約束を守り助け合って運動をしたり，勝敗を受け入れたり，仲間の考えや取組を認めたり，場や用具の安全に気を配ったりすること。

D　水泳運動
　水泳運動について，次の事項を身に付けることができるよう指導する。
(1) 次の運動の楽しさや喜びを味わい，その行い方を理解するとともに，その技能を身に付けること。
　ア　クロールでは，手や足の動きに呼吸を合わせて続けて長く泳ぐこと。

イ　平泳ぎでは，手や足の動きに呼吸を合わせて続けて長く泳ぐこと。
　　ウ　安全確保につながる運動では，背浮きや浮き沈みをしながら続けて長く浮くこと。
　(2)　自己の能力に適した課題の解決の仕方や記録への挑戦の仕方を工夫するとともに，自己や仲間の考えたことを他者に伝えること。
　(3)　運動に積極的に取り組み，約束を守り助け合って運動をしたり，仲間の考えや取組を認めたり，水泳運動の心得を守って安全に気を配ったりすること。
　E　ボール運動
　　ボール運動について，次の事項を身に付けることができるよう指導する。
　(1)　次の運動の楽しさや喜びを味わい，その行い方を理解するとともに，その技能を身に付け，簡易化されたゲームをすること。
　　ア　ゴール型では，ボール操作とボールを持たないときの動きによって，簡易化されたゲームをすること。
　　イ　ネット型では，個人やチームによる攻撃と守備によって，簡易化されたゲームをすること。
　　ウ　ベースボール型では，ボールを打つ攻撃と隊形をとった守備によって，簡易化されたゲームをすること。
　(2)　ルールを工夫したり，自己やチームの特徴に応じた作戦を選んだりするとともに，自己や仲間の考えたことを他者に伝えること。
　(3)　運動に積極的に取り組み，ルールを守り助け合って運動をしたり，勝敗を受け入れたり，仲間の考えや取組を認めたり，場や用具の安全に気を配ったりすること。
　F　表現運動
　　表現運動について，次の事項を身に付けることができるよう指導する。
　(1)　次の運動の楽しさや喜びを味わい，その行い方を理解するとともに，表したい感じを表現したり踊りで交流したりすること。
　　ア　表現では，いろいろな題材からそれらの主な特徴を捉え，表したい感じをひと流れの動きで即興的に踊ったり，簡単なひとまとまりの動きにして踊ったりすること。

　　イ　フォークダンスでは，日本の民踊や外国の踊りから，それらの踊り方の特徴を捉え，音楽に合わせて簡単なステップや動きで踊ること。
　(2)　自己やグループの課題の解決に向けて，表したい内容や踊りの特徴を捉えた練習や発表・交流の仕方を工夫するとともに，自己や仲間の考えたことを他者に伝えること。
　(3)　運動に積極的に取り組み，互いのよさを認め合い助け合って踊ったり，場の安全に気を配ったりすること。
　G　保健
　(1)　心の健康について，課題を見付け，その解決を目指した活動を通して，次の事項を身に付けることができるよう指導する。
　　ア　心の発達及び不安や悩みへの対処について理解するとともに，簡単な対処をすること。
　　　(ｱ)　心は，いろいろな生活経験を通して，年齢に伴って発達すること。
　　　(ｲ)　心と体には，密接な関係があること。
　　　(ｳ)　不安や悩みへの対処には，大人や友達に相談する，仲間と遊ぶ，運動をするなどいろいろな方法があること。
　　イ　心の健康について，課題を見付け，その解決に向けて思考し判断するとともに，それらを表現すること。
　(2)　けがの防止について，課題を見付け，その解決を目指した活動を通して，次の事項を身に付けることができるよう指導する。
　　ア　けがの防止に関する次の事項を理解するとともに，けがなどの簡単な手当をすること。
　　　(ｱ)　交通事故や身の回りの生活の危険が原因となって起こるけがの防止には，周囲の危険に気付くこと，的確な判断の下に安全に行動すること，環境を安全に整えることが必要であること。
　　　(ｲ)　けがなどの簡単な手当は，速やかに行う必要があること。
　　イ　けがを防止するために，危険の予測や回避の方法を考え，それらを表現すること。
　(3)　病気の予防について，課題を見付け，その解決を目指した活動を通して，次の事項を身に付けることができるよう指導する。

ア　病気の予防について理解すること。
　　(ア)　病気は，病原体，体の抵抗力，生活行動，環境が関わりあって起こること。
　　(イ)　病原体が主な要因となって起こる病気の予防には，病原体が体に入るのを防ぐことや病原体に対する体の抵抗力を高めることが必要であること。
　　(ウ)　生活習慣病など生活行動が主な要因となって起こる病気の予防には，適切な運動，栄養の偏りのない食事をとること，口腔の衛生を保つことなど，望ましい生活習慣を身に付ける必要があること。
　　(エ)　喫煙，飲酒，薬物乱用などの行為は，健康を損なう原因となること。
　　(オ)　地域では，保健に関わる様々な活動が行われていること。
　イ　病気を予防するために，課題を見付け，その解決に向けて思考し判断するとともに，それらを表現すること。
３　内容の取扱い
(1)　内容の「A体つくり運動」については，2学年間にわたって指導するものとする。また，(1)のイについては，体の柔らかさ及び巧みな動きを高めることに重点を置いて指導するものとする。その際，音楽に合わせて運動をするなどの工夫を図ること。
(2)　内容の「A体つくり運動」の(1)のアと「G保健」の(1)のアの(ウ)については，相互の関連を図って指導するものとする。
(3)　内容の「C陸上運動」については，児童の実態に応じて，投の運動を加えて指導することができる。
(4)　内容の「D水泳運動」の(1)のア及びイについては，水中からのスタートを指導するものとする。また，学校の実態に応じて背泳ぎを加えて指導することができる。
(5)　内容の「Eボール運動」の(1)については，アはバスケットボール及びサッカーを，イはソフトバレーボールを，ウはソフトボールを主として取り扱うものとする。これらに替えてハンドボール，タグラグビー，フラッグフットボールなどア，イ及びウの型に応じたその他のボール運動を指導することもできるものとする。

なお，学校の実態に応じてウは取り扱わないことができる。
(6)　内容の「F表現運動」の(1)については，学校や地域の実態に応じてリズムダンスを加えて指導することができる。
(7)　内容の「G保健」については，(1)及び(2)を第5学年，(3)を第6学年で指導するものとする。また，けがや病気からの回復についても触れるものとする。
(8)　内容の「G保健」の(3)のアの(エ)の薬物については，有機溶剤の心身への影響を中心に取り扱うものとする。また，覚醒剤等についても触れるものとする。
(9)　各領域の各内容については，運動領域と保健領域との関連を図る指導に留意すること。
第３　指導計画の作成と内容の取扱い
１　指導計画の作成に当たっては，次の事項に配慮するものとする。
(1)　単元など内容や時間のまとまりを見通して，その中で育む資質・能力の育成に向けて，児童の主体的・対話的で深い学びの実現を図るようにすること。その際，体育や保健の見方・考え方を働かせ，運動や健康についての自己の課題を見付け，その解決のための活動を選んだり工夫したりする活動の充実を図ること。また，運動の楽しさや喜びを味わったり，健康の大切さを実感したりすることができるよう留意すること。
(2)　一部の領域の指導に偏ることのないよう授業時数を配当すること。
(3)　第2の第3学年及び第4学年の内容の「G保健」に配当する授業時数は，2学年間で8単位時間程度，また，第2の第5学年及び第6学年の内容の「G保健」に配当する授業時数は，2学年間で16単位時間程度とすること。
(4)　第2の第3学年及び第4学年の内容の「G保健」並びに第5学年及び第6学年の内容の「G保健」(以下「保健」という。)については，効果的な学習が行われるよう適切な時期に，ある程度まとまった時間を配当すること。
(5)　低学年においては，第1章総則の第2の4の(1)を踏まえ，他教科等との関連を積極的に図り，指導の効果を高めるようにするとともに，

199

幼稚園教育要領等に示す幼児期の終わりまでに育ってほしい姿との関連を考慮すること。特に，小学校入学当初においては，生活科を中心とした合科的・関連的な指導や，弾力的な時間割の設定を行うなどの工夫をすること。
(6) 障害のある児童などについては，学習活動を行う場合に生じる困難さに応じた指導内容や指導方法の工夫を計画的，組織的に行うこと。
(7) 第1章総則の第1の2の(2)に示す道徳教育の目標に基づき，道徳科などとの関連を考慮しながら，第3章特別の教科道徳の第2に示す内容について，体育科の特質に応じて適切な指導をすること。
2 第2の内容の取扱いについては，次の事項に配慮するものとする。
(1) 学校や地域の実態を考慮するとともに，個々の児童の運動経験や技能の程度などに応じた指導や児童自らが運動の課題の解決を目指す活動を行えるよう工夫すること。特に，運動を苦手と感じている児童や，運動に意欲的に取り組まない児童への指導を工夫するとともに，障害のある児童などへの指導の際には，周りの児童が様々な特性を尊重するよう指導すること。
(2) 筋道を立てて練習や作戦について話し合うことや，身近な健康の保持増進について話し合うことなど，コミュニケーション能力や論理的な思考力の育成を促すための言語活動を積極的に行うことに留意すること。
(3) 第2の内容の指導に当たっては，コンピュータや情報通信ネットワークなどの情報手段を積極的に活用し，各領域の特質に応じた学習活動を行うことができるように工夫すること。その際，情報機器の基本的な操作についても，内容に応じて取り扱うこと。
(4) 運動領域におけるスポーツとの多様な関わり方や保健領域の指導については，具体的な体験を伴う学習を取り入れるよう工夫すること。
(5) 第2の内容の「A体つくりの運動遊び」及び「A体つくり運動」の(1)のアについては，各学年の各領域においてもその趣旨を生かした指導ができること。
(6) 第2の内容の「D水遊び」及び「D水泳運動」の指導については，適切な水泳場の確保が困難な場合にはこれらを取り扱わないことができるが，これらの心得については，必ず取り上げること。
(7) オリンピック・パラリンピックに関する指導として，フェアなプレイを大切にするなど，児童の発達の段階に応じて，各種の運動を通してスポーツの意義や価値等に触れることができるようにすること。
(8) 集合，整頓，列の増減などの行動の仕方を身に付け，能率的で安全な集団としての行動ができるようにするための指導については，第2の内容の「A体つくりの運動遊び」及び「A体つくり運動」をはじめとして，各学年の各領域（保健を除く。）において適切に行うこと。
(9) 自然との関わりの深い雪遊び，氷上遊び，スキー，スケート，水辺活動などの指導については，学校や地域の実態に応じて積極的に行うことに留意すること。
(10) 保健の内容のうち運動，食事，休養及び睡眠については，食育の観点も踏まえつつ，健康的な生活習慣の形成に結び付くよう配慮するとともに，保健を除く第3学年以上の各領域及び学校給食に関する指導においても関連した指導を行うようにすること。
(11) 保健の指導に当たっては，健康に関心をもてるようにし，健康に関する課題を解決する学習活動を取り入れるなどの指導方法の工夫を行うこと。

索　引
（＊は人名）

あ　行

アクティブ・ラーニング　26
＊出原泰明　57
＊岩田靖　32
＊ヴィゴツキー，レフ　29
＊ウェンガー，エティエンヌ　29
動きを組み合わせる運動　99
運動遊び　92
運動文化　2
運動を通しての教育　32
＊エンゲストローム，ユーリア　29
オーセンティックアセスメント　89
お互いの良さを認め合う態度　173
踊りの楽しさや喜び　166
オリエンテーション　56

か　行

回転系　106
開放型スキル　70,109
＊カイヨワ，ロジェ　22
学習カード（の例）　99
学習形態　63
学習指導要録　23
学習集団　66
学力低下論争　23
課題解決型　65
課題解決的学習　64
課題形成型　65
課題選択型　65
学校体育研究同志会　38
学校体育指導要綱　18
活動の場　104
体全体で動く　173
体つくり運動　24,91,100
「体つくり運動」領域　100
体つくり運動系の構成　91
体つくり運動系の特性　91

体つくりの運動遊び　91,92
体の動きを高める運動　92
体のバランスをとる運動　96
体ほぐしの運動　92,94
体ほぐしの運動遊び　91,92,94
体を移動する運動　96
カリキュラム　51
カリキュラム・マネジメント　27
簡単なひとまとまりの動き　167
観点別評価　83
器械・器具の工夫（例）　97,98
基礎目標　64
機能的特性　64
技能的特性　164
「基本学習」の場づくり　104
基本的な動きを組み合わせる運動　96
教育課程　18
教育基本法　18
教育内容　32
教科内容　33
教材　11
　効果的な――　171
教材観　53,102
教材編成　66
教授活動　66
教授スタイル　70
競争　4
協力できる雰囲気　175
局面　40
切り返し系　106
記録　132
＊グッドマン，アレン　3
グリコジャンケン　129
グループ学習　69
クロール　136-139,144
形成的授業評価法　86
形成的評価　79
系統学習　19,64

系統的に配列　123
健康教育のUターン構造　179
言語活動の充実　25
巧技系　106
高次目標　64
構成主義　29
構造的特性　64
攻防相乱型ゲーム　160
攻防分離型ゲーム　160
コースロープ　141
ゴーマーク鬼ごっこ　34
ゴール型　25, 151
呼吸　142, 148
国民体育大会　6
個人差　180
個人内評価　84
個性　23
個体発生は系統発生を繰り返す　8
子ども中心主義　19
個別学習　69
根本的な動き　123

さ　行

サークルリレー　131
＊佐藤善治　42
思考力，判断力，表現力等　95, 125
思考力・判断力・表現力等　10
自己存在感　175
支持系　106
思春期　180
実践記録　54
指導案　53
指導観　53, 102
児童観　53, 102
指導と評価の一体化　78
指導要録　79
社会に開かれた学校　27
集団準拠評価　83
主体的・対話的で深い学び　27
序列関係　133
資料・学習カードの活用　98
身体の教育　16

診断的評価　79
心電図型ゲーム分析表　155
心理的系統学習　65
ステージ型　66
スパイラル型　66
スピード曲線　134
スモールステップ　110
生活体育　48
成績通知票　79
絶対評価　83
全国体育学習研究会　22
全身でリズムに乗って踊る　169
創意工夫　166
総括的評価　79
総合評価　83
相対的解釈法　83
相対評価　83
即興的に踊る　166

た　行

体育科の学習指導案　100
題材の特徴　166
体操　17
体操科　5
態度測定法　86
体力つくり　16
体練科　17
＊高田典衛　47
高田四原則　57
＊高橋健夫　58
タスクゲーム　157
楽しい運動　166
楽しい体育　21
楽しい体育論　7
多様な動きの質感を楽しむ　170
多様な動きをつくる運動　92, 100
　　──遊び　91, 92
　　──の具体例　100
　　──の指導案の例　101
誰とでも仲良く踊る　170
段階指導　110
＊丹下保夫　21

202

索　引

単元　53, 101, 102
　　──の目標　101
力試しの運動　97
知識・技能　10
中央教育審議会　12
つまずき　38
ティームティーチング　188
デポルターレ　2
動画遅延再生装置　74
投の運動（遊び）　121
特性　22
＊飛田穂洲　6
友達と協力　173
友達の動きを知ること　175
友達の動きを認めあえるような子ども　175
ドリルゲーム　156
ドル平泳法　39

な 行

＊中内敏夫　39
＊中野ジェームズ修一　38
ナンバ　16
日本国憲法　18
ネット型　25, 151
年間指導計画　49

は 行

走り幅跳び診断表　86
場づくり　96
発見的学習　65
バディシステム（バディ）　145, 148
場の工夫　130
　　効果的な──　110
班別学習　69
＊ピアジェ，ジャン　29
ビート板　142
ひと流れの動き　167
評価基準　84
評価規準　78, 84
表現遊び　165
表現運動　165
表現リズム遊び　165

平泳ぎ　136-139
フラッシュカード　187
浮力　147
プレイ論　22
文化遺産　9
閉鎖型スキル　70, 109
ベースボール型　25, 151
ベタ走り　127
変形スタート　131
＊ホイジンガ，ヨハン　7, 22
ポートフォリオ　80
ボール操作　152
ボールの軌跡図　155
ボールを持たないときの動き　152
本時の展開　103
本時の目標　103

ま 行

＊マイネル，クルト　40
学びに向かう力，人間性等　95
　　──の内容　125
学びに向かう力・人間性等　10
マネジメント　58
身近で特徴がある動き　167
身近な生活からの題材　167
＊向山洋一　41
めあて学習　23
目標に準拠した評価　78
問題解決学習　19

や 行

遊戯　17
豊かなスポーツライフ　9
豊かな人間性　25
ゆとり　21
よい授業　57
　　──への到達度調査　86
用具を操作する運動　97
横木幅跳び　110
＊吉崎静夫　56

203

ら・わ　行

リアリズム一元論　39
リズム遊び　165
リズムダンス　166
ルール　4
＊レイヴ，ジーン　29
＊レオンチェフ，アレクセイ　29
練習活動（学習活動）の工夫　96,110
練習の場　107
練習の場づくりの工夫（例）　96,97
連続体モデル　70

論理的系統学習　65
「ん」の字の姿勢　132

欧　文

DeSeCo　28
GPAI　86
HJS指数　86
ICT　73
　——の活用　98,134
OECD（経済開発協力機構）　28
PISA　24

監修者

原　清治（佛教大学副学長・教育学部教授）

春日井敏之（立命館大学名誉教授・近江兄弟社高等学校校長）

篠原正典（佛教大学教育学部教授）

森田真樹（立命館大学大学院教職研究科教授）

執筆者紹介（所属，執筆分担，執筆順，＊は編者）

＊石田智巳（編著者紹介参照：はじめに，第1～4章）

＊山口孝治（編著者紹介参照：第5章，第6章，第8章，第11章，第13章）

西村　誠（西山短期大学非常勤講師，元佛教大学特任講師：第7章）

杉岡義次（京都府立清明高等学校非常勤講師：第9章）

中川善彦（元佛教大学非常勤講師：第10章）

佐東恒子（華頂短期大学非常勤講師：第12章）

編著者紹介

石田　智巳（いしだ・ともみ）
　1968年　生まれ。
　現　在　立命館大学産業社会学部教授。
　主　著　『和歌山県教育史　第一巻　通史編Ⅰ』（共著）和歌山県教育委員会，2007年。
　　　　　『和歌山県教育史　第二巻　通史編Ⅱ』（共著）和歌山県教育委員会，2010年。
　　　　　『対話でつくる教科外の体育――学校の体育・スポーツ活動を学び直す』（共著）学事出版，2017年。

山口　孝治（やまぐち・こうじ）
　1967年　生まれ。
　現　在　佛教大学教育学部教授。
　主　著　『「学習成果の高い授業」に求められる戦略的思考――ゲーム理論による「優れた教師」の実践例の分析』（単著）ミネルヴァ書房，2017年。
　　　　　『小学校ボールゲームの授業づくり――実践理論の生成と展開』（共著）創文企画，2017年。

新しい教職教育講座　教科教育編⑨	
初等体育科教育	
2018年5月30日　初版第1刷発行	〈検印省略〉
2024年11月30日　初版第3刷発行	定価はカバーに表示しています
監修者	原　清治／春日井敏之 篠原正典／森田真樹
編著者	石田智巳／山口孝治
発行者	杉田啓三
印刷者	坂本喜杏
発行所	株式会社　ミネルヴァ書房 607-8494 京都市山科区日ノ岡堤谷町1 電話代表（075）581-5191 振替口座　01020-0-8076

ⓒ石田・山口ほか，2018　　冨山房インターナショナル・吉田三誠堂製本

ISBN 978-4-623-08205-6

Printed in Japan

新しい教職教育講座

原 清治・春日井敏之・篠原正典・森田真樹 監修

全23巻

（Ａ５判・並製・各巻平均220頁・各巻2000円（税別））

教職教育編
① 教育原論 　　　　　　　　　　　　山内清郎・原 清治・春日井敏之 編著
② 教職論 　　　　　　　　　　　　　　　　　久保富三夫・砂田信夫 編著
③ 教育社会学 　　　　　　　　　　　　　　　　　原 清治・山内乾史 編著
④ 教育心理学 　　　　　　　　　　　　　　　　　神藤貴昭・橋本憲尚 編著
⑤ 特別支援教育 　　　　　　　　　　　　　　　　原 幸一・堀家由妃代 編著
⑥ 教育課程・教育評価 　　　　　　　　　　　　　細尾萌子・田中耕治 編著
⑦ 道徳教育 　　　　　　　　　　　　　　　　　　荒木寿友・藤井基貴 編著
⑧ 総合的な学習の時間 　　　　　　　　　　　　　森田真樹・篠原正典 編著
⑨ 特別活動 　　　　　　　　　　　　　　　　　　　中村 豊・原 清治 編著
⑩ 教育の方法と技術 　　　　　　　　　　　　　　篠原正典・荒木寿友 編著
⑪ 生徒指導・進路指導［第２版］ 　　　　　　　　春日井敏之・山岡雅博 編著
⑫ 教育相談 　　　　　　　　　　　　　　　　　　春日井敏之・渡邉照美 編著
⑬ 教育実習・学校体験活動 　　　　　　　　　　　　小林 隆・森田真樹 編著

教科教育編
① 初等国語科教育 　　　　　　　　　　　　　　　　井上雅彦・青砥弘幸 編著
② 初等社会科教育 　　　　　　　　　　　　　　　　　中西 仁・小林 隆 編著
③ 算数科教育 　　　　　　　　　　　　　　岡本尚子・二澤善紀・月岡卓也 編著
④ 初等理科教育 　　　　　　　　　　　　　　　　　　山下芳樹・平田豊誠 編著
⑤ 生活科教育 　　　　　　　　　　　　　　　　　　　鎌倉 博・船越 勝 編著
⑥ 初等音楽科教育 　　　　　　　　　　　　　　　　　　　　　高見仁志 編著
⑦ 図画工作科教育 　　　　　　　　　　　　　　　　波多野達二・三宅茂夫 編著
⑧ 初等家庭科教育 　　　　　　　　　　　　　　　　　三沢徳枝・勝田映子 編著
⑨ 初等体育科教育 　　　　　　　　　　　　　　　　　石田智巳・山口孝治 編著
⑩ 初等外国語教育 　　　　　　　　　　　　　　　　　　　　　　湯川笑子 編著

ミネルヴァ書房
https://www.minervashobo.co.jp/